나는 착한 딸을 그만두기로 했다

逃げたい娘 諦めない母

朝倉真弓, 信田さよ子 著

株式会社 幻冬舎 刊

2016

NIGETAI MUSUME AKIRAMENAI HAHA

by Mayumi Asakura and Sayoko Nobuta

Original Japanese edition published by Gentosha Inc., Tokyo.

벼랑 끝을 달리는
엄마와 딸을 위한
관계 심리학

아사쿠라 마유미·노부타 사요코 지음
김윤경 옮김

나는 착한 딸을
그만두기로 했다

북라이프
booklife

옮긴이 | **김윤경**

한국외국어대학교를 졸업하고 일본계 기업에서 일본어 통번역과 수출입 업무를 담당했다. 바른번역 아카데미에서 일본어 번역 과정을 수료하고 현재 일본어 전문 번역가로 활동 중이다. 옮긴 책으로는 《홀가분한 삶》, 《아무것도 없는 방에 살고 싶다》, 《나는 단순하게 살기로 했다》, 《끝까지 해내는 힘》, 《이나모리 가즈오, 그가 논어에서 배운 것들》, 《사장의 도리》, 《나는 상처를 가진 채 어른이 되었다》, 《괴테가 읽어주는 인생》, 《커피가 좋아서》, 《3년 안에 결혼하기로 마음먹은 당신에게》, 《왜 살찐 사람은 빚을 지는가》 등 다수가 있다.

나는 착한 딸을 그만두기로 했다

1판 1쇄 발행   2017년 2월 20일
1판 8쇄 발행   2023년 12월 13일

지은이 | 아사쿠라 마유미, 노부타 사요코
옮긴이 | 김윤경
발행인 | 홍영태
발행처 | 북라이프
등 록 | 제313-2011-96호(2011년 3월 24일)
주 소 | 03991 서울시 마포구 월드컵북로6길 3 이노베이스빌딩 7층
전 화 | (02)338-9449
팩 스 | (02)338-6543
대표메일 | bb@businessbooks.co.kr
홈페이지 | http://www.businessbooks.co.kr
블로그 | http://blog.naver.com/booklife1
페이스북 | thebooklife
ISBN 979-11-85459-67-7   03180

* 잘못된 책은 구입하신 서점에서 바꾸어 드립니다.
* 책값은 뒤표지에 있습니다.
* 북라이프는 (주)비즈니스북스의 임프린트입니다.
* 비즈니스북스에 대한 더 많은 정보가 필요하신 분은 홈페이지를 방문해 주시기 바랍니다.

비즈니스북스는 독자 여러분의 소중한 아이디어와 원고 투고를 기다리고 있습니다.
원고가 있으신 분은 ms2@businessbooks.co.kr로 간단한 개요와 취지, 연락처 등을 보내 주세요.

.
:
.

누구에게도 얽매이지 않고
행복한 내가 되기 위해

.
:
.

엄마라는 울타리를
처음으로 뛰어넘는 당신에게

부모는 자식을 지지해주는 존재일까요?

아니면 익숙한 세계에 가두어두려는 존재일까요?

'이제부터 새롭게 시작하자. 스스로 인생을 개척하는 거야!'

성인이 되어 꿈을 안고 앞으로 한발 내딛으려는 자녀를 처음

으로 가로막아 서는 벽은 대체로 부모입니다.

"현실을 제대로 바라보렴."

"넌 덜렁대서 안 돼."

"굳이 위험한 다리를 건널 필요가 뭐 있니!"

많은 사람이 부모에게서 이런 부정적인 말을 들어본 경험이 있습니다.

부모는 자신이 살아온 인생을 기준으로 모든 일을 판단하고 자식이 잘되길 바라는 마음으로 조언을 합니다. 하지만 부모가 겪은 성공과 실패는 어디까지나 과거일 뿐, 그 모든 경험을 미래에 똑같이 적용할 수는 없습니다. 그런데도 부모는 자신이 겪은 경험을 강조하며 끊임없이 자식의 일에 간섭합니다. 자식이 자신의 테두리에서 벗어나 손이 닿지 않는 곳으로 도망치려는 현실을 받아들이고 싶지 않은 것입니다.

이렇게 자식에게 부정적인 영향을 미치는 부모 중에서도 가장 지치고 힘겨운 상대는 딸을 구속하려는 엄마입니다. 엄마는 성별이 같은 딸을 언제까지나 자신의 손아귀에 두고 싶어 합니다. 아들에게는 비교적 관대하면서도 딸의 일은 일거수일투족 감시하고 참견하는 엄마가 많습니다.

그러한 엄마 밑에서 늘 '착한 아이'로 성장한 딸은 어른이 되어서도 계속되는 엄마의 온갖 제재에 힘들어합니다.

"여자가 행복해지려면 좋은 남자를 만나야 한단다."

"일도 육아도 다 잘하려는 건 욕심이야!"

"엄마가 널 어떻게 키웠는데 이렇게 속을 썩이니!"

딸을 향한 엄마의 과잉 참견이야말로 여성의 사회 진출을 방해하는 요인 중 하나라고 해도 과언이 아닙니다. 다만 어떤 사람은 부모가 쏟아내는 이런저런 부정적인 말을 능청스럽게 받아넘기며 당당하게 자신의 인생을 살아가는 반면, 나이가 들어도 부모에게서 벗어나지 못해 괴로워하는 사람도 있습니다.

과연 그 차이는 무엇일까요? 어른이 되어서도 자유로워지지 못한 사람은 어떻게 해야 더 편하게 살아갈 수 있을까요?

이 책에서는 '루이'라는 가상의 인물을 둘러싼 이야기를 토대로 딸에게서 자립심을 빼앗는 엄마로부터 자신을 지키고 엄마와 적정 거리를 유지할 수 있는 방법을 생각해보고자 합니다. 엄마와 딸 사이에서 벌어지는 문제를 주인공 루이, 루이의 거래처 담당자 유리, 고향 친구인 사키, 회사 동료인 하루가 겪은 사건을 통해 소개하고 모성을 신격화하는 세상에서 엄마에게 서슴없이 "아니요!"라고 대답하지 못하는 딸의 심경을 대변하려고 합니다.

책에 등장하는 그녀들은 특수한 환경에서 자란 것이 아닙니다. 평범한 엄마와 엄마의 말을 잘 듣는 '착한 아이'라는 관계일 뿐인데도 진학이나 취직, 결혼, 출산 등 딸의 인생에 놓인 중요한 사건을 계기로 그동안 응어리져 있던 문제가 폭발해 큰 갈등으로 번진 경우가 많습니다.

가상으로 등장하는 그녀들의 사연 뒤에는 누구나 충분히 겪었을 법한 보편성이 있습니다. 지금 당장은 특별히 문제점을 느끼지 못하는 사람도 자신을 투영하면서 읽을 수 있도록, 이 책은 주인공의 일에 엮인 상황을 주축으로 한 소설 형식으로 엮었습니다. 엄마와의 관계로 고민하는 배경에는 반드시 딸의 일상생활이 있습니다. 바로 그 점에 많은 '착한 딸'이 공감할 수 있는 요소가 숨어 있을 것입니다.

엄마와 적정 거리를 두는 방법에 관해서는 가정 상담 전문가인 노부타 사요코 선생님께서 조언해주셨습니다. 선생님의 칼럼과 더불어 루이가 한 발짝 앞으로 성장해가는 이야기를 따뜻한 시선으로 읽어주시길 바랍니다.

아사쿠라 마유미

○ 차례

이상화된
모녀 관계에서
벗어나기

변화의 시작

머지않아 장마 소식이 들려올 듯한 어느 날 저녁, 루이에게 한 통의 전화가 걸려왔다. 두근거리는 고동 소리를 느끼며 루이는 침착하게 전화를 받았다.

"네, 하레 에이전시 루이입니다."

수화기 건너편에서 허스키한 여자 목소리가 들려왔다.

"안녕하세요. 루이 씨. '그린그레이'의 유리예요."

"네…….""

그동안 애타게 기다렸으면서도 한편으로는 두려웠던 연락이다. 작은 목소리로 천천히 대답하는 루이에게 상대는 담담하게 말을 이어갔다.

"프레젠테이션 경합 건으로 전화했어요. 저희 회사에서 검토한 결과, 이번 일을 하레 에이전시에 맡기기로 결정했습니다. 루이 씨, 앞으로 잘 부탁드립니다."

간절하게 기다리던 결과를 전해 들은 순간, 루이는 아무 말도 나오지 않았다. 유리의 목소리가 다시 한 번 머릿속을 휘감고 나서야 루이는 자리에서 일어나 보이지 않는 상대를 향해 몇 번이고 고개 숙여 인사했다.

"감사합니다! 최선을 다하겠습니다!"

루이는 도쿄에 있는 소규모 광고대행사 하레 에이전시에서 일하고 있다. 몇 주 전부터 미국 패션 브랜드 '그린그레이'의 일본 진출 프로모션을 수주받기 위해 프레젠테이션을 준비해왔다. 프레젠테이션 팀은 기획 담당이자 팀장인 루이를 중심으로 디자이너와 매체 담당자 등을 포함한 네 명으로 구성되었다. 33세인 루이를 제외하면 모두 20대 후배들이다.

하레 에이전시는 지금까지 패션 브랜드의 광고를 맡은 경험이 없었다. 고객 대부분은 작은 부품 제조업체나 가업을 이어받은 유명 가게 등 기술은 믿을 수 있지만 그다지 눈에 띄지 않는 중소기업뿐이었다. 그래서 회사 임원들도 이번에 패션 브랜드 건을 맡게 될 거라고는 크게 기대하지 않고 있었다.

루이는 이렇게 녹록치 않은 분위기에서 패션업계의 일을 전문으로 도맡다시피 하는 다른 광고대행사를 제치고 수주를 따낸 것이다. 기획 담당으로서 이만큼 자랑스럽고 기분 좋은 일은 없다.

전화를 끊자마자 루이는 곧장 다른 층으로 가 팀원들을 불러 모았다. 그러고는 일부러 심각한 듯한 말투로 거드름을 피우며 조심스럽게 말을 꺼냈다.

"실은 말이야……."

아무리 루이가 감추려고 해도 기쁜 표정이 새어 나온 모양이다. 한눈에 분위기를 눈치챈 팀원들은 한발 앞서나가며 흥분해서 말했다.

"팀장님, 우리가 이긴 거죠?"

"벌써 연락받으셨어요?"

루이는 짓궂은 미소를 지으며 힘주어 대답했다.

"여러분 덕분에 그린그레이의 일본 진출 프로모션은 우리

하레 에이전시가 맡기로 결정되었어요!"

루이의 말에 팀원들은 뛸 듯이 기뻐했다.

"팀장님! 우리가 해냈군요!"

"오늘 당장 축하해야겠어요. 한잔하러 가시죠!"

그 말을 들은 순간, 루이의 표정이 굳어졌다.

"미안하지만 오늘은 선약이 있어서 안 되겠어. 나중에 다시 날을 잡자."

루이는 짧게 말을 마친 다음 상사에게 보고하고 추후 일정을 확인하기 위해 서둘러 기획팀 사무실로 돌아갔다.

사무실 입구에서는 루이의 동기인 하루가 누군가와 서서 이야기를 나누고 있었다. 하루가 먼저 루이를 발견하고는 득달같이 말을 걸어왔다.

"왠지 기분 좋아 보이네? 무슨 일이야?"

"응, 그냥 뭐."

"뭔데 그래? 말해봐. 잠깐만, 어딜 가!"

적당히 대답하고 서둘러 자리로 돌아가는 루이의 뒤로 하루의 목소리가 들렸다. 루이는 돌아보지 않은 채 어깨 위로 손을 들어 흔들었다.

하루는 루이가 상사에게 이유 없이 혼나거나 애써 생각해 낸 기획안을 클라이언트에게 줄줄이 거절당했을 때도 "괜찮아!"라든지 "너라면 할 수 있어" 하고 싱글싱글 웃으며 늘 긍정적인 말을 해주었다. 루이는 그때마다 그의 격려와 위로에 힘을 얻곤 했지만 오늘은 하루와 서서 이야기를 나누고 있을 여유가 없었다. 곧바로 이번 계약과 관련된 회의를 상사와 함께 진행해야 했기 때문이다.

회의를 마치고 자리에 앉은 루이는 컴퓨터 화면 구석에 있는 디지털시계를 흘낏 쳐다봤다. 숫자는 오후 5시 51분을 가리키고 있었다.

이런, 큰일 났다! 오늘은 오후 6시에 만나기로 했는데. 회사에서 약속 장소까지는 지하철 환승 시간을 합쳐서 15분 정도 걸렸다. 루이는 허둥지둥 컴퓨터를 끄고 사무실을 뛰쳐나왔다.

한 달에 한 번,
도망치고 싶은 두 시간

만나기로 한 사람은 엄마다. 고향에 사는 엄마는 딸의 얼굴을 보려고 한 달에 한 번 도쿄에 온다. 대학 때부터 도쿄에서 혼자 사는 나는 엄마와의 만남이 이루 말할 수 없이 괴롭다.

6시 10분이 되어서야 엄마가 가고 싶다고 꼭 집어 말한 프렌치 레스토랑에 겨우 도착했다. 엄마는 무슨 일인지 웨이터로 보이는 남자와 친근하게 이야기를 나누고 있었다.

"늦어서 미안해요."

"괜찮아. 일이 바빴나 보구나? 아, 얘가 내 딸이에요."

엄마는 당황해서 사과하는 내게 짐짓 웃음을 지어 보이며 웨이터에게 나를 소개했다. 어떻게 반응해야 좋을지 몰라 애매하게 고개를 숙이고 있는데 웨이터가 말을 걸어왔다.

"따님이시군요. 조금 전에 어머님께 말씀 들었습니다. 유능한 커리어 우먼이라고 자랑스러워하셨어요."

"아니에요. 그렇지 않아요."

나는 달려온 탓에 바짝 마른 목소리로 겸손하게 부인했다. 하지만 내가 막 대답하는 순간 엄마는 새침한 표정으로 내 말을 낚아챘다.

"맞아요. 대학을 졸업하고 지금까지 열심히……."

"아, 엄마! 그만해요. 창피하게."

나도 놀랄 정도로 큰 목소리가 툭 튀어나왔다. 엄마는 그런 나를 보며 "어머, 무서워라" 하고 한층 목소리를 높였다가 웨이터에게로 시선을 돌려 미리 골라놓은 코스 요리 2인분과 레드 와인 반병을 주문했다.

이렇게 또다시 우울하기 짝이 없는 두 시간이 시작되었다.

나는 그저 엄마의
애완동물일까?

와인잔을 들어 가볍게 부딪치고 나자 엄마는 나를 지그시 바라보며 물었다.

"일이 바쁘니?"

나는 와인 한 모금을 천천히 마시면서 대답할 말을 신중하게 골랐다.

솔직히 오늘 프레젠테이션 경쟁에서 이겨 수주를 따냈다는 소식을 전해서 엄마를 기쁘게 해주고 싶었다. 가족이니까 좋은 일을 함께 나누고 인정받고 싶다는 마음이 간절했다. 하지만 엄마는 내가 즐겁게 일하면서 바쁘게 산다는 이야기를 하면 곧바로 언짢아했다.

'그렇게 사니까 결혼이 늦어지는 거야', '남자 이상으로 일하는 여자는 매력이 없어'라는 이유에서다. 그렇다고 별로 바쁘지 않다는 듯이 말하면 주말에는 집에 좀 오라는 둥 귀찮은 잔소리를 들을 게 뻔하다.

엄마에게 딸은 적당히 똑똑하면서 엄마 말을 잘 듣는 애완동물 같은 존재가 딱 좋은 모양이다. 엄마 친구나 주변 사람의 자녀보다 우수하길 바라면서도 내심 자신의 영향이 미치는 울타리에서 내보내고 싶지 않은 것이다. 처음 보는 웨이터에게 애완동물 대신에 딸 자랑을 할 수 있는 정도를 이상적으로 여길 뿐, 딸이 일에만 전념하는 커리어 우먼이 되기를 바라는 마음은 거의 없다.

이렇게까지 엄마의 속마음을 꿰뚫고 있었지만 오늘은 일본에 처음 진출하는 브랜드의 프레젠테이션을 성공적으로 마치고 회사에서 큰일을 해냈다는 성취감에 살짝 들떠 있었던 것 같다.

일이 바쁘냐는 엄마의 질문에 언제나처럼 "그렇게 바쁘진 않아"라는 애매한 대답 끝에 무심코 한마디를 덧붙이고 말았다.

"하지만 오늘은 큰 안건을 계약해서 기분이 너무 좋아."

기분이 너무 좋았던 탓일까, 아니면 마른 목을 축이느라 와인을 급하게 마셨던 것일까. 그 한마디로 엄마의 마음속에 들어 있던 지뢰를 밟고 말았다.

너, 엄마하고 살 때랑
완전히 달라졌구나

나는 순간 후회가 밀려와 황급히 와인을 한 모금 더 들이켰다. 엄마는 그런 나를 마주보며 상냥하게 물었다.

"그래? 정말 잘됐네. 어떤 일인데?"

나는 애피타이저로 나온 젤리를 포크로 콕콕 찌르며 뭐라고 말해야 좋을지 마음속으로 여러 번 문장을 가다듬었다. 그러고는 일본에 처음 들여오는 패션 브랜드 관련 일이라는 것과 내가 그 일을 담당하는 팀장이라는 것을 가능한 한 그리 대단한 일로 들리지 않도록 조심하면서 설명했다.

내 말을 듣는 엄마의 표정은 의외로 평온했다. 지금까지 맡았던 업무와는 달리 패션 브랜드 관련 일이라는 데 만족하는 듯했다. 엄마는 스마트폰용 부품인 용수철을 제조하는 회사와 일하고 있다는 말보다는 일본에 첫 진출하는 패션 브랜드와 함께 일하고 있다는 말을 듣는 것이 더 기쁜 모양이다. 남들에게 딸 자랑을 할 때도 패션 브랜드 쪽이 더 그럴듯하게 들릴 테니 말이다. 엄마의 표정을 보고 나는 약간 안심하면서 뒤이어 나온 수프를 천천히 떠먹었다.

그런데 엄마는 수프를 내온 웨이터에게 웃으며 고맙다고 말하고는 곧바로 웃음기를 싹 거두며 나에게 잔소리를 하기 시작했다.

"그건 그렇다 치고, 옷이 그게 뭐니? 여자는 여자답게 입어야 한다고 엄마가 몇 번을 말했어. 예전에는 단정한 옷차림을 좋아하더니 대체 어떻게 된 거야?"

나는 오늘 프레젠테이션을 위해 일부러 미국에서 들여온 그린그레이의 옷을 입었다. 통이 넓은 와이드 팬츠 위에 상의는 짧은 재킷풍 카디건을 걸쳤다. 분명 엄마가 좋아하는 A라인 원피스나 몸매를 강조하는 타이트스커트는 아니다.

하지만 내가 얌전한 스타일인 옷을 좋아해 즐겨 입었다는 것은 엄마의 환상에 불과했다. 스커트를 기본으로 정장 스타일의 옷차림을 하지 않으면 엄마가 언짢아하니까 엄마 앞에서는 될 수 있는 한 그런 옷을 입었을 뿐이었다.

엄마는 허리를 펴고 표정을 다잡으며 말했다.

"회사 일 때문에 대단한 사람들도 만날 거 아냐. 그런데도 그렇게 품위 없게 입고 다니다니, 정말 예전하고 달라졌어."

확실히 엄마가 보기엔 내가 달라졌을지도 모른다. 엄마 말을 잘 듣고, 옷차림은 물론 취미나 살아가는 방식도 엄마가 원하는 대로 살아온 딸은 어디에도 없다는 사실에 상심했을 것이다.

하지만 이게 진짜 내 모습이다.

'엄마의 가치관에 맞추려 예전의 내가 무리했던 거야!'

나는 마음속으로 외쳤다. 이 옷이 오늘 수주받은 브랜드 제품이라고 설명할 마음은 사라졌다. 설명한다고 해서 엄마의 불만을 해소할 수는 없을 것이다.

더 이상 내 이야기를
하고 싶지 않다

"아, 뭐 그건 됐고."

한숨을 섞어 말한 엄마는 내 옷차림에 관한 이야기를 서둘러 끝내더니 엄마네 집 근처에 생긴 빵집으로 화제를 돌렸다. 듣자하니 도쿄 내 유명한 빵집에서 기술을 배운 주인이 혼자서 꾸려나가는 곳인 듯했다.

"그런데 말이야, 빵은 정말 맛있는데 손님에게 내놓을 만한 과자류는 없더구나. 그 뭐니, 러스크(빵을 얇게 썰어 버터나 설탕을 발라 구운 과자—옮긴이)라고 하나? 먹다 남은 프랑스빵으로 만든 것 같은 과자만 진열해놓았다니까."

엄마의 자잘한 불평에 나는 신기하게도 속으로 고개를 끄덕이고 있었다. 실은 나도 러스크를 그다지 좋아하지 않는다. 말상대가 다른 사람이었다면 나는 바로 "맞아, 맞아!" 하고 맞장구치면서 잠시 신이 났을 것이다. 하지만 나는 "요즘 러스크 인기가 많아져서 전문점이 생길 정도래" 하고 대답하는 선에서 말을 아꼈다. 그리고 더 이상 술에 취하지 않으려고 조심스럽게 물을 입에 머금었다.

그 후론 유행하는 액세서리며 인테리어 이야기, 동네에 나도는 소문 등 무던한 이야기가 두서없이 오갔다.

언제부터인가 나는 엄마에게 나에 관한 이야기는 되도록 하지 않는다. 무슨 이야기를 해도 엄마는 순수하게 기뻐하지 않았다. 일이 즐겁다고 하면 그러니까 콧대 높은 여자가 되는 거라고 말하질 않나, 취미로 운동을 열심히 하고 있다고 말하면 지나치게 운동을 많이 하면 이런저런 점이 나쁘다는 이야기를 늘어놓는다. 엄마는 지금 내가 어떤 일을 좋아하는지는 전혀 관심이 없다.

과거로 화제가 넘어가지 않도록 하는 데도 신경을 바짝 곤두세워야 한다. 함께 살던 시절의 이야기가 나오기만 하면 엄마는 항상 "그때에 비하면 넌 정말 많이 변했어" 하고 한탄했다.

과거의 나는 그저 엄마를 슬프게 하지 않으려고 공부와 취미

활동을 열심히 하고, 엄마를 위해 학예회에서 하고 싶지도 않은 주인공을 맡겠다고 나서고, 엄마가 기뻐한다는 이유로 나오는 맞지 않는 우등생을 연기하기도 했다. 지금의 내게는 숨기고 싶은 과거다. 가능하다면 기억조차 하고 싶지 않다.

하지만 나에겐 고통스러운 기억들이 엄마에게는 시간이 지나면 지날수록 미화되어 옛날의 나는 실제 이상의 '착한 딸'로 추억 속에 살아 있는 것 같다. 그래서 툭하면 과거의 내 말과 행동을 들먹이면서 현재의 나를 나무란다.

"내가 커서 아기를 낳으면 꼭 우리 엄마 같은 엄마가 될 거야."
"엄마를 빨리 행복하게 해주고 싶어."

우등생이었던 과거의 나는 그런 말로 어른들을 기쁘게 했다. 하지만 그 말이 미래의 나를 괴롭히게 될 줄은 상상도 하지 못했다. 이제 와서 바꿀 수도 없는 과거의 자신과 비교당하는 일은 기분이 썩 좋지 않았다.

잠시 엄마와의 대화가 끊겼다.

어쩌면 좋지?

조심스럽게 주의를 기울이면서 어떻게 대화를 이어나갈지 천천히 궁리했다. 가게에 걸린 장식품에 대한 감상이라도 말해야겠다고 생각한 순간, 엄마가 갑자기 화제를 돌렸다.

"아 참, 그리고 보니 옆집에 살던 네 친구 사키 말이야. 결혼해서 이제 곧 엄마가 된다던데?"

"그래? 잘됐네. 사키는 좋은 엄마가 될 거야."

엄마는 악의 없이 또 내 지뢰를 밟았다. 나 역시 아무렇지도 않다는 듯 대답했다. 그러자 엄마는 대놓고 한숨을 쉬며 말했다.

"정말 너는 내 품에서 벗어나고 많이 변했어. 옛날에는 고분고분하고 착해서 빨리 엄마처럼 결혼하고 싶다고 기특한 말을 하더니만. 서른세 살이나 되었는데 아직 미혼이라니, 내가 창피해서 얼굴을 들고 다닐 수가 없어."

변했다고? 그래, 나는 변했는지도 모른다.

엄마와 떨어져 살면서 나는 내가 무엇을 원하는지 깨달았고 스트레스 없이 사는 쪽으로 방향을 틀기 시작했다. 그런 내가 엄마에게는 그렇게까지 '창피한' 존재일까. 엄마는 내가 살아가는 방식을 이해하려고 들지 않는다. 그러면서 부모님 눈치만 살피면서 살았던 어린 시절의 나를 진짜 내 모습이라고 믿고 있다.

나는 아무 말도 하지 않은 채 묵묵히 밥을 먹고 디저트와 커피가 나오기를 기다렸다. 그리고 1초라도 빨리 이 저녁 식사가 끝났으면 좋겠다고, 오로지 그 생각만 하며 끊임없이 시계를 쳐다봤다.

간섭이나 헌신을
애정과 헷갈리지 마라

우리는 주변에서 '엄마의 존재가 부담스럽다'거나 '어려서부터 줄곧 간섭받았다'고 느끼는 딸들을 쉽게 찾아볼 수 있습니다. 엄마의 이러한 간섭 때문에 힘들어하는 딸들은 나이대도 다양합니다.

이야기의 주인공인 루이처럼 자신의 인생을 자신이 원하는 대로 마음껏 살아가야 할 20대와 30대 여성은 물론이고 결혼해서 아이를 낳아 다 키워놓은 60대가 되어도 여전히 엄마의 울타리에서 벗어나지 못하는 여성도 있습니다.

간섭이나 구속의 형태도 다양해서 정신적인 학대와 언어폭력을 서슴지 않는 엄마가 있는가 하면 '친구 같은 모녀'를 내세우며 무엇 하나 숨기지 않는 관계를 자식에게 강요함으로써 자립심을 빼앗는 엄마도 있습니다.

현대 사회에서 부모 자식 간의 갈등으로 괴로워하는 사람은 아들보다 딸이 압도적으로 많습니다. 물론 일반적으로 그렇다는 이야기입니다. 남자들은 겉으로 드러내지 않을 뿐 실제로는 자신과 성性이 다른 엄마의 간섭이나 어린 시절 상처받은 기억에 사로잡혀 힘들어하고 있는지도 모릅니다. 그러나 엄마가 자신과 동성同性이냐 이성異性이냐에 따라 괴로움의 형태는 크게 달라집니다.

딸은 엄마와 같은 여성이기 때문에 신체적으로 공통점이 많습니다. 따라서 루이의 엄마처럼 딸의 얼굴이나 몸매를 유심히 쳐다보며 관찰하고 잔소리를 늘어놓기 쉽습니다. 심한 경우 인생 전반에 걸쳐 생리 주기나 임신, 출산 등 민감한 부분까지 다른 사람과 비교당하고 간섭받기도 합니다.

엄마와 딸의 갈등이 심해진 것은 불과 10~20년에 지나지 않습니다. 지금까지 엄마라는 존재는 '모성'이라는 말로 포장되어 아이를 위해 모든 것을 희생하고 바쳐야 하는 숭고한 사람으로 인식되었습니다. 수많은 여성은 대대로 내려오는 이러한 가치관대로 자녀를 키웠습니다.

1970년대 이전에 여성의 평균 수명이 60~70세에 불과했던 것도 모성이 강조된 이유 중 하나입니다. 당시 여성들은 20대 초반에 결혼을 하고 나면 고향으로 친정엄마를 만나러 가는 일조차 뜻대로 하지 못했습니다. 엄마와 함께 지낼 수 있는 시간이 요즘의 절반도 채 되지 못했던 셈입니다. 엄마와 만날 시간이 짧다 보니 좋은 어머니상은 더욱 이상화되어 모녀가 갈등을 빚는 경우는 찾아보기 어려웠습니다.

그런데 지금은 상황이 달라졌습니다. 수명은 길어지고 결혼하지 않고 혼자 사는 딸도 많은 데다 평균 결혼 연령은 높아지고 있습니다. 결혼해도 친정 근처에 사는 경우가 많기 때문에 엄마 입장에서는 딸이 자신의 영향력 안에 그대로 있습니다. 옛날에 비해 엄마가 자주 간섭하거나 딸과 다투는 것도 어찌 보면 당연한 일입니다.

엄마에게도 할 말은 있습니다. 어린 자녀는 제대로 통제하지 않으면 안전하게 기를 수 없습니다. 이제 갓 태어난 아기는 절대로 방치해선 안 되고 유치원이나 초등학교에 다닐 때도 부모의 적정한 보호가 필요합니다.

그렇다면 적정한 보호는 언제부터 도를 넘어선 지배와 간섭으로 바뀔까요?

딸이 부모가 하는 간섭을 귀찮게 느끼고 저항을 시작하는 시기는 초등학교 4~5학년 때쯤, 즉 이른 사춘기가 시작될 무렵입니다. 원래 사춘기는 성장 과정의 하나로 기뻐해야 할 일이지만 딸에게 차츰 자아가 생겨 반항이 시작되면 엄마들은 두 종류의 유형으로 나누어집니다.

하나는 '내 딸도 이제 어른이 되었구나' 하고 서서히 보호와 간섭이 느슨해지는 경우입니다. 다른 하나는 자식이 자신의 생각대로 되지 않는 데 불안을 느껴 '내 말을 더 잘 듣게 해야 돼!' 하고 한층 더 압박을 가하는 경우입니다.

하필 이 반항기는 본격적으로 공부가 시작되는 초등학교 고학년 시기와 겹칩니다. 자녀의 공부에 관심이 많은 엄마라면 이 시기에 딸이 방황하다가 학업을 망치고 진로 문제까지 엉망이 될 거라는 조바심 때문에 딸을 더욱 강하게 밀어붙이기도 합니다.

하지만 딸은 엄마에게 자신이 싫어하는 일을 강요받으면서도 그것을 애정으로 받아들여 엄마를 의심하지 않습니다. 엄마가 "널 위해서 이렇게 하는 거야" 하고 끊임없이 속삭이기 때문입니다. 결국 조금이라도 엄마의 뜻을 거스르는 말이나 행동을 하게 되면 '엄마의 행동을 싫어하는 나는 나쁜 딸이야'라는 죄책감을 갖게 됩니다.

엄마는 딸에게 자신이 이상적으로 여기는 인생을 걷게 함으로써 딸의 인생에 자신을 투영해 대리만족을 느끼며 살아가려고 합니다. 딸을 자신이 생각하는 이상적인 모습으로 만들기 위한 이런 구속을 엄마도 딸도 어느 시점까지는 애정이라고 믿습니다.

성인이 된 딸은 비로소 자기 나름대로 살아가는 방식을 찾으려 애를 씁니다. 그 방식이 엄마의 뜻과 같을 수는 없습니다. 딸은 엄마에게서 벗어나려고 하면서 그동안 엄마가 자신을 구속하고 있었다는 사실을 깨닫고 엄마의 바람과 자신의 욕구 사이에서 갈등하게 됩니다.

'엄마는 절대적인 존재'라는 인식이 머릿속에 박힌 딸은 어른이 되어서도 엄마에게 '아니요'라고 자신의 의사를 분명하게 전달하지 못합니다. 그뿐만 아니라 예전의 모습이 진짜고 자신의 품을 떠나려고 하는 딸을 어딘가 불안정한 상태라고 믿는 엄마를 보며 한층 괴로워집니다.

　이제 현대 사회의 엄마와 딸은 어느 시점을 계기로 일정한 거리를 두기 위한 의식을 치러야 합니다. 딸이 스무 살이 되는 성인식을 시점으로 하기에는 너무 이를지도 모르지만 대학교 졸업식이나 취직과 같은 전환점, 혹은 특정한 나이를 기준으로 서로 엄마를 떠나고, 딸을 보내는 의식을 해보길 제안합니다. 엄마를 매정하게 싹둑 떼어버리라는 뜻이 아닙니다. 이 책에서는 엄마와 딸이 적정한 거리를 두고 서로가 상처받지 않으면서 조심스럽게 서로에게서 벗어나는 과정을 차근차근 풀어가려고 합니다.

모순에 빠진
엄마의 논리에
휘둘리지 않기

끝없이 이어지는 싸움

루이가 이끄는 프로모션 팀은 곧바로 그린그레이의 일본 진출을 위한 계획을 세웠다. 그린그레이는 미국에서도 새바람을 일으키고 있는 에시클ethical 패션 브랜드다. '도덕적인, 논리적인'이란 뜻을 지닌 '에시클'이란 말 그대로 양심적이고 도덕적인 가치관을 바탕으로 생산 유통되는 친환경 패션을 이르는데 최근에는 일본에도 이러한 트렌드가 조금씩 스며들고 있다.

　루이는 그린그레이의 브랜드 론칭 기념으로 리셉션을 열기로 했다. 리셉션에는 언론사를 비롯해 패션 분야에서 인지

도가 높은 블로거를 여러 명 초대해 화제를 불러일으키려고
계획하고 있다.

이에 앞서 에시클 패션이나 건강한 삶과 환경 보존을 추구
하는 로하스LOHAS, Lifestyle of Health and Sustainability 생활 방식을
주제로 한 정보지와 웹사이트, 언뜻 보기에는 에시클과 관련
이 없는 듯한 화려하고 고급스러운 패션잡지에도 기사 형식
으로 광고를 게재해 사회 공헌과 미의 추구라는 두 가지 콘셉
트 모두 만족시키는 브랜드 특징을 강조할 생각이다.

루이는 잡지 광고를 담당하는 도모코를 데리고 그린그레
이의 광고 담당자인 유리를 찾아갔다.

유리는 루이가 설명하는 기획 내용을 들으면서 잡지와 웹
사이트에 실을 광고를 정리한 계획표를 훑어보았다. 내용을
확인한 유리는 이윽고 입을 앙다물더니 루이와 도모코에게
말했다.

"광고 건, 그중에서도 연재 형태로 기사광고를 내겠다는
아이디어가 아주 좋네요. 그런데 한 가지 의견을 덧붙이자
면……."

"네, 말씀해주세요."

약간 머뭇거리는 유리에게 루이는 웃음을 띠며 말했다. 유리는 수줍은 듯한 미소를 보이며 입을 열었다.

"제가 지금 네 살짜리 아이를 키우고 있는데요, 아이 엄마가 되니 자연히 전 세계 어린이들에게 관심이 가더라고요. 예를 들면 왜 방글라데시의 가난한 아이들은 어릴 때부터 봉제공장에서 일해야 하는가, 그런 거요."

유리가 하는 말을 들은 도모코는 고개를 한껏 끄덕거리며 대답했다.

"아, 저도 그 기분 알아요. 그 아이들에 비하면 나와 내 딸은 풍족하니까요. 그래서 뭔가 내가 할 수 있는 일은 없을까 하고 진지하게 생각하게 되죠."

유리와 도모코의 이야기를 듣고 있던 루이는 의외의 사실에 다소 당황했다.

지금껏 루이는 유리가 자신과 비슷한 나이로, 서른 살을 살짝 넘겼을 거라고만 짐작하고 있었는데 설마 아이가 있을 줄은 상상하지 못했다. 그도 그럴 것이 유리는 왼쪽 넷째 손가락에 반지를 끼지 않았고 평소에 일할 때도 아이 엄마에게서 느껴질 법한 분주함을 조금도 풍기지 않았던 것이다.

'그렇다면 지금 여기 있는 사람 중에서 아직 결혼하지 않

은 사람은 나뿐인가!'

루이는 도모코의 옆얼굴을 슬쩍 쳐다보았다. 도모코는 아직 서른 살이 되지 않았지만 대학생 때 일찍 결혼해서 이제 곧 초등학생이 될 딸이 있다는 말을 들은 적이 있다.

일을 하면서 루이는 결혼을 하지 않아 열등감을 느끼거나 미혼이 약점이라고 생각한 적은 없다. 요즘 세상에 서른세 살의 미혼 여성이야 얼마든지 있을뿐더러 일과 관련해서 만나는 사람에게 미혼인지 기혼인지 같은 질문을 받아본 적도 없다.

하지만 주변 사람이 모두 기혼자라니, 왠지 혼자만 덩그맣게 남겨진 기분이 들었다. 아내나 엄마라는 위치와는 거리가 먼 자신은 그만큼 남들보다 뒤처진 것처럼 느껴졌다.

자학적인 생각에 빠진 루이를 제쳐놓은 채, 두 사람은 아기를 키우는 부모를 대상으로 한 잡지에 특집기사 형식으로 광고를 넣으면 어떨까 하는 의견으로 이야기가 한창이었다.

유리는 다시 천천히 말을 시작했다.

"부모의 마음과 에시클 패션의 가치에는 공통점이 많다고 생각해요. 그렇기 때문에 육아 잡지에 뭉클하게 읽힐 수 있는 기사광고를 넣으면 더더욱 좋을 것 같아요.”

유리의 말에 이어 도모코가 아이디어를 제시했다.

“만약 가능하다면 유기농 면으로 만든 스타이를 육아 잡지 부록으로 구성해보면 어떨까요? 그린그레이에서 유아복을 취급하진 않지만 다양한 연령층을 아우르는 부드러운 라인이 브랜드의 특징이니까 아기 엄마나 임신부도 맵시 있게 입을 수 있잖아요. 이 연령대 여성들에게 아기용 턱받이를 사은품으로 광고하면 효과가 좋을지도 몰라요.”

도모코의 아이디어에 유리는 눈을 반짝이며 찬성했다.

루이는 아주 잠깐 도모코가 한 말이 무슨 뜻인지 이해하지 못했다.

‘스타이? …… 아! 아기용 턱받이를 말하는 거구나.’

루이는 2년 전쯤 친구에게 줄 출산 축하 선물을 사러 백화점을 둘러보다가 아기용 턱받이를 스타이라고 부른다는 것을 처음 알았다. 스타이라는 단어는 그때 이후 처음 들었다는 사실이 떠오른 동시에, 그녀들에게는 자연스러운 단어가 자신에게는 낯선 단어라는 데 약간 충격을 받았다.

육아 잡지에 에시클 패션 브랜드인 그린그레이를 소개하

고 지금까지와는 다른 방식으로 홍보한다. 가능하다면 아기용 턱받이인 스타이를 부록으로 끼워 넣는다. 경쟁 브랜드와는 전혀 다른 각도에서 접근한다는 사실에 그린그레이의 광고 담당인 유리도, 하레 에이전시의 두 사람도 마음이 몹시 두근거렸다.

"그렇게 되면 리셉션은 육아 잡지와 공동으로 주최해도 좋지 않을까요?"

루이의 제안에 도모코가 찬성하며 또렷한 어조로 말했다.

"저, 육아 잡지 편집부에서 일하는 사람을 알고 있어요. 만약 아기용 턱받이 부록이나 리셉션을 공동으로 주관할 수 있다면 아까 보여드린 광고도 그 출판사에서 발행하는 잡지에 집중적으로 노출하는 편이 효율적일지도 모르겠네요. 당장 연락해볼게요."

새로운 브랜드를 론칭하면서 '어린 자녀를 둔 엄마'라는 타깃을 명확히 내세운다면 리셉션에 초대할 예정인 연예인과 블로거도 젊은 엄마를 대표하는 사람으로 선정해야 한다.

하지만 아무리 좋은 아이디어라도 본사로부터 승인을 얻지 못하면 실행할 수 없다는 것이 해외 브랜드가 처한 냉엄한 현실이다. 유리는 즉시 미국 본사와 조정해보겠으니 기다려달라고 루이와 도모코에게 양해를 구했다.

루이는 그린그레이와 회의를 마치고 돌아오는 길에 미국 본사에서 승인할 경우와 승인하지 않을 경우 두 가지에 대비해 방안을 준비하도록 도모코에게 지시한 후 영업시간이 끝나가는 백화점으로 부랴부랴 들어섰다.

엄마가 될
친구를 위한 선물

며칠 전 엄마에게서 사키가 임신했다는 말을 전해 들은 후 축하선물을 보내야겠다고 생각하던 참이었다. 마침 오늘 턱받이 얘기가 나온 김에 시장조사를 겸해 선물을 사러 가야겠다고 마음먹었다.

아기용 턱받이는 생각보다 앙증맞았고 아기 엄마들이 좋아할 만한 예쁜 디자인의 상품도 가득 진열되어 있었다. 또한 가능한 한 안심하고 쓸 수 있는 안전한 제품을 원하는 부모의 마음을 헤아려서인지 유기농 면을 소재로 한 제품이 많이 나와 있다는 사실도 알게 되었다.

유기농 소재를 사용한 데다 외국 아이들을 부당하게 착취하지 않고 만든, 윤리적으로 정직한 턱받이. 그러한 상품을 만든다면 틀림없이 젊은 엄마들의 마음을 사로잡을 수 있을 것이다.

그런 생각을 하면서 물건을 고르는데 점원이 말을 걸어왔다.

"어서 오세요. 선물하실 건가요?"

"네, 이 턱받이와 모자 세트가 예뻐서 마음에 드네요."

내 대답에 점원이 다시 물었다.

"이건 남아용입니다만, 괜찮으신가요?"

"그래요? 아, 아직 아들인지 딸인지 물어보질 않았네."

나는 점원의 얼굴을 쳐다보며 픽 하고 웃음을 터뜨렸다. 점원도 덩달아 생긋 웃었다.

"최근에는 성별에 상관없이 사용할 수 있는 디자인도 많이 나와 있어요. 이쪽에 있는 아기용 턱받이와 엄마용 숄 세트는 시원한 기하학무늬라 여아든 남아든 다 잘 어울려요."

아기용 턱받이와 엄마용 숄을 조화 있게 맞춰 구성한 세트였다.

'이거 괜찮을 것 같은데!'

그린그레이의 한정 턱받이를 육아 잡지의 부록으로 내놓고 온라인 숍에서는 같은 무늬의 숄을 세트로 판매한다! 세트를 갖고 싶은 엄마는 반드시 인터넷에 접속해서 구매할 것이다. 그러고 나면 그린그레이의 단골 고객이 될지도 모른다.

여기에까지 생각이 미치자 일이 착착 진행되는 기분이 들어

뿌듯해졌다. 나는 점원이 권해준 턱받이와 솔 세트를 구입해 사키의 친정으로 발송했다.

사키의 친정은 나의 본가와 바로 이웃해 있다. 고향집 번지수에 1을 더하면 사키의 친정 주소가 된다. 그러고 보니 사키는 결혼해서 어디에 살고 있을까. 정작 가장 중요한 것을 빠뜨렸다는 생각이 들었다.

심장을 내려앉게 하는
부재중 전화

아파트로 돌아와 스마트폰을 꺼내보니 한 건의 부재중 전화가 와 있었다. 개인용 스마트폰은 대부분 문자나 라인 메시지를 주고받는 용도로 쓰고 있어서 전화가 걸려오는 일은 거의 없었다. 누구일까?

가슴이 덜컥 내려앉은 나는 크게 한 번 심호흡을 한 뒤, 부재중 전화의 발신지를 확인했다. 본가였다. 아버지가 전화를 걸어오는 일은 거의 없으니 틀림없이 엄마일 것이다. 전화가 온 시각은 두 시간 전인 저녁 7시. 지금은 9시를 지나고 있었다.

음성 메시지가 남아 있지 않은 걸로 보아 급한 일은 아닐 것이다. 게다가 이미 전화를 걸기엔 너무 늦은 시각이다. 하지만 이 대로 내일까지 전화를 하지 않으면 엄마는 또 온갖 걱정을 사서 할 것이 분명하다.

나는 한 번 더 심호흡을 한 뒤, 꼭 닫아두었던 방 안의 답답한 공기 때문에 당장이라도 샤워하고 싶은 기분을 꾹 누르며 본가에 전화를 걸었다.

여섯 번째 신호가 울릴 때 전화를 받은 엄마는 내 목소리를 확인하자마자 잔소리를 쏟아내기 시작했다.

"너, 너무 늦게 들어오는 거 아니니? 맨날 그러고 사는 거야? 그러다 몸이라도 아프면 어쩌려고 그래? 네가 열심히 일하다가 아프다고 해봐야 회사는 아무것도 해주지 않을 텐데 말이야. 적당히 좀 하렴."

뭔가 기분이 언짢은 듯한 엄마 목소리를 듣고 있자니 몸 안의 모든 내장이 쫙 쪼그라드는 듯했다.

엄마는 예전에 내가 몸이 안 좋을 때면 "엄마가 챙겨줄 때는 건강했는데" 하면서 마치 내 생활 방식이 잘못되었다는 식으로 열을 올리곤 했다. 모든 일을 혼자 사는 탓으로 돌리는 엄마의 말은 내게 회사 이상으로 큰 스트레스를 주었다.

나는 위 부근을 지그시 누르면서 가냘픈 목소리로 설명했다.

"아니야. 일이 바빠서가 아니라 백화점에 들렀다 오느라 늦은 거야."

"어머 그래? 쇼핑이라도 했니?"

엄마는 기쁜 기색으로 질문을 더해갔다.

"음, 그러니까……."

어떻게 대답해야 현명할지 한참 망설였지만 왠지 오늘은 무난한 대답이 떠오르질 않았다. 옷이라고 대답하면 어떤 옷을 샀는지 물을 거고, 그러면 또 얘기가 길어진다. 책이라고 대답했다가는 책만 읽는다고 해서 행복해지지 않는다는 둥 잔소리를 퍼부을 것이 틀림없다. 나는 망설이다 결국 사키에게 줄 출산 축하 선물을 사러 갔다고 사실대로 말했다.

수화기 너머로 꾸며낸 티가 나는 커다란 한숨 소리와 탄식이 들려왔다.

"사키는 이제 곧 엄마가 되는데 너는 왜 결혼도 안 하고 혼자 사니? 내가 기껏 정성을 들여 키워놨더니 엄마한테 반항이나 하고, 도대체 어디서부터 잘못된 거야?"

오늘 통화도 꽤 오래 걸릴 것 같은 예감이 들었다.

엄마에겐 내 인생보다
결혼이 더 중요할까?

엄마의 탄식은 참으로 이해하기 힘들다. 고등학생 때는 하굣길에 내가 남학생이랑 같이 걸어오기만 해도 눈살을 찌푸리더니 대학교를 졸업하고 취업을 하자 갑자기 남자는 언제 만나는지, 결혼은 언제 할 건지 꼬치꼬치 캐물으며 성화를 해댔으니 말이다. 엄마는 언제나 남들의 말과 상식을 좋을 대로 교묘히 바꿔가며 자신의 의견을 내게 강요했다.

'아! 또다시 여느 때처럼 의미 없는 대화가 시작됐네.'

이렇게 생각하며 스마트폰을 귀에 댄 채 부엌으로 가 냉장고에서 탄산수를 꺼내 들고 마개를 땄다. 집에 돌아오자마자 전화를 거느라 옷을 갈아입기는커녕 갈증이 나는데도 목조차 축이지 못했던 탓에 목소리가 갈라졌다.

탄산수로 기운을 약간 되찾은 후, 나는 '왜 결혼하지 않느냐'는 엄마의 질문에 대답하려고 최대한 공손하게 설명을 시작했다.

"엄마, 나는 길을 잘못 든 게 아니야. 단지 지금은 꼭 해내고 싶은 프로젝트가 있어서 일에 열중하고 있을 뿐이고. 물론 멋진 사람이 있으면 사귀고 싶지만 지금은 연애가 최우선이 아니거든.

엄마에게는 미안하지만 나는 나대로 찬찬히 잘 해나가고 있으니까 걱정하지 말아요."

완벽해! 이만큼 알기 쉽게 설명하면 엄마도 내 마음을 이해해 줄 것이다. 그렇게 생각한 찰나, 갑자기 날카로운 목소리가 내 귓속으로 파고들었다.

"너 지금 무슨 느긋한 소릴 하는 거야? 서른이 한참 넘도록 결혼할 생각이 없다니 창피하지도 않아? 결혼하고 아이를 낳아봐야 제대로 어른이 되고 온전히 한 사람 몫을 하는 거야. 그런데 일, 일, 주제넘은 소리에 잘난 척이나 하고 대체 뭐하는 거니! 엄마는 네 장래가 걱정돼 죽겠는데 말이야."

순간 나는 머릿속이 새하얘졌다. '왜 결혼하지 않느냐'는 엄마의 질문에 답하려고 최대한 침착하고 공손하게 설명했는데 이렇게 모질게 반응하다니. 엄마는 언제나 내 상황을 귀담아 들으려고 하지 않는다. 그리고 입버릇처럼 여자는 결혼해서 아이를 낳아야만 한다고 되풀이한다. 마치 결혼과 출산만이 미혼인 나에게 대항할 수 있는 무기라도 되는 것처럼!

애초에 엄마가 하는 걱정은 내 인생에 대한 걱정이 아니지 않을까? 그보다 친구나 지인들에게 '이렇게 효심이 지극한 딸과 귀

여운 손자가 있어 행복하다'고 자랑할 수 없을지도 모른다는 걱
정과 조바심이 더 큰 게 아닐까?

그런 생각이 들었지만 그 말은 차마 입 밖에 낼 수 없었다.

엄마가 상상하는 행복을 실현해드릴 수 없어 죄송한 마음과
그렇다고는 해도 내 인생이니 내가 원하는 대로 내버려두길 바라
는 마음이 뒤섞여 위 부근이 한층 꽉 조여왔다.

엄마를 설득하지 말고
단호하게 말해라

루이는 엄마가 만나고 싶다고 하면 만나고 부재중 전화가 걸려
와 있으면 반드시 전화를 겁니다. 될 수 있으면 자신에 관한 일
은 말하지 않고 묵묵하게 엄마의 불평을 들어주는 역할을 합니
다. 그렇게 해서 엄마의 공격이 약해진다면 듣는 역할을 철저
히 하는 것도 좋은 대처법입니다. 다만, 듣는 사람에게는 스트
레스가 계속 쌓이는 데다 아무 말 없이 듣기만 하면 상대가 더
욱 격해질 수도 있습니다. 엄마와는 다른 인생을 살아가는 성
인 여성으로서 딸도 어느 시점이 되면 자신의 주장을 할 필요
가 있습니다.

여기서 기억해야 할 점은, 루이의 엄마는 논리를 내세우기만 해서는 대화가 통할 상대가 아니라는 사실입니다. 루이가 '왜 결혼하지 않느냐'는 엄마의 질문에 자신의 입장을 차분하고 공손하게 설명했지만 아무런 소용이 없었던 것처럼 엄마가 딸을 대할 때는 이론으로 접근하지 않기 때문입니다.

결혼할 나이가 된 딸에 대한 엄마의 말과 행동은 모순투성이라도 해도 좋을 정도입니다. 대부분의 엄마는 딸이 10대였을 때는 연애를 금지하고 20대였을 때는 딸의 남자친구를 트집 잡았으면서, 30대가 된 딸이 결혼하지 않고 아이도 없이 혼자 살면 내심 창피하게 여깁니다. 사춘기 때는 이성에 눈뜨지 않은 '착한 아이'로 키우지만 결혼적령기가 다가오면 마치 상품처럼 딸을 내놓으려 하고, 결혼하지 않은 딸에게는 딸의 인생을 부정하는 듯한 말까지 거침없이 던집니다. 이러한 말과 행동에 논리의 일관성은 조금도 찾아볼 수 없습니다. 엄마는 자신의 판단 기준이 사회적인 상식과 규범에 따라 형성되었다고 주장하지만 잘 들여다보면 그때그때 자신에게 편리한 상식으로 갈아타고 있을 뿐입니다.

따라서 루이처럼 엄마에게 자신의 상황을 논리적으로 설명하는 일은 쓸데없는 시도일지도 모릅니다. 엄마를 이해시키기는커녕 야단을 맞거나 말꼬리를 잡혀 오해받는 일이 허다하기 때문입니다.

　딸은 이론을 내세울 필요가 없습니다. 그보다는 엄마의 간섭에서 자신을 지키는 벽을 쌓아올려야 합니다. '착한 아이'인 딸은 엄마가 기대하는 행복을 실현시켜드리지 못했다는 미안한 마음을 떨쳐내지 못해 엄마와의 적정 거리를 놓치기 일쑤입니다. 엄마에게 억지스러운 말을 들으면 할 수 없거나 무리한 일이라고 확실하게 딱 잘라 말하여 선을 그어야 합니다. 타협점을 제시하거나 미안한 마음을 품지 않아도 되며, 엄마의 바람에 응할 수 없다는 사실에 부연 설명이나 이론을 내세울 필요도 없습니다.

　중요한 것은 분명하게 거절 의사를 전하되 정서적인 동요를 보이지 말아야 한다는 점입니다. 엄마에게 상처 주고 싶지 않은 마음에 "미안하지만 그렇게는 힘들 것 같아"라든지 "천천히 생각해볼게" 하고 말끝을 흐리면 이야기는 계속해서 끝나지 않습니다. 엄마는 딸이 말끝을 흐리면 마음이 흔들렸다는 것을 알아차리고 생각을 바꾸도록 밀어붙입니다.

　엄마에게 딱 잘라 거절한 적이 없는 '착한 아이'일수록 단호하게 말하지 못하고 흐지부지하게 말하는 경우가 많습니다. 하지만 말끝을 흐린다고 해서 당신의 마음까지 동요해서는 안 됩니다. 이 선까지는 참고 대응할 수 있지만 이때부터는 간섭하지 않기를 바란다는 경계선을 긋고 스스로 지켜나가는 것이 중요합니다.

딸이 엄마의 뜻에 따르지 않겠다고 확실하게 자신의 의사를 밝히는 순간, 엄마는 혼란스러워합니다. 때로는 패닉 상태에 빠질지도 모르지만 딸이 걱정할 필요는 없습니다. 엄마는 딸이 괴로워할 만큼 상처받지 않습니다. 지금껏 엄마가 했던 말을 곰곰이 생각해보면 답이 나옵니다.

"아빠에게는(혹은 아들에게는) 무슨 말을 해도 소용없어. 네 아빤(그 애는) 그런 사람이야."

이렇게 엄마는 자신이 무슨 말을 해도 소용없다고 판단한 사람에게는 일찌감치 깨끗이 물러납니다. 그런데 딸에 대해서만큼은 '내가 강하게 말하면 들을 거야. 언제나 말 잘 듣는 착한 딸이었으니까' 하고 안이하게 생각하곤 합니다.

딸로서 도저히 엄마의 속박을 참을 수 없다면 부딪힐 각오를 하고 용기를 내 확실하게 "아니요" 하고 의사를 전달해야 합니다. 다만 잠시 엄마에게 싫은 소리를 듣거나 눈물 작전을 당할 준비는 해두어야 합니다. 한번 부딪혀봅시다. 싸움을 피하려고 적당히 타협하면서 대화를 이어가려고 하면 끝까지 엄마와의 적정 거리를 유지할 수 없습니다.

엄마는
딸의 인생을
대신 살아주지
않는다

엄마라는 존재의 의미

지금까지의 에시클 패션 브랜드는 사회 문제에 관심이 많아 적극적으로 나서서 행동하는 여성이 중심 타깃이었다. 이러한 기존 관점에서 벗어나 '평범한 엄마'의 관심을 끌어모으려고 하는 그린그레이의 획기적인 프로모션 안은, 광고 담당인 유리가 애써준 덕분에 무사히 미국 본사의 승인을 받았다. 또한 그린그레이에서 만든 한정판 턱받이를 육아 잡지의 부록으로 내놓겠다는 아이디어도 생각 외로 시간은 걸렸지만 최종적으로 승인되었다.

　루이는 즉시 하레 에이전시의 그린그레이 프로모션 팀을

중심으로 홍보회사와 잡지 편집부, 크리에이터들을 한데 아우른 일대 프로젝트를 시작했다.

미국 본사로부터 승인을 얻기까지 워낙 시간이 많이 걸리는 바람에 준비할 여유가 없었다. 리셉션에 참가할 만한 아기 엄마인 연예인을 섭외하는 데도 시간이 부족했다. 첫 번째 후보자와 계약이 이루어지지 않을 경우 두 번째 후보, 세 번째 후보와도 계속해서 접촉해봐야 하는데 현실적으로 일정이 빠듯했기에 무슨 일이 있어도 최초 섭외에서 긍정적인 대답을 이끌어내야만 했다.

무엇보다도 큰 문제는 육아 잡지에 부록으로 넣기로 한 턱받이다. 이런 부록은 브랜드 측이 직접 만들지 않는다. 잡지 편집부가 브랜드와 공동으로 작업해서 만들어야 하기 때문에 그린그레이의 의향을 어디까지 수용할 수 있을지는 미지수다. 물밑 교섭을 진행해온 육아 잡지는 브랜드와의 컬래버레이션 경험이 많지 않은 편이라 일이 앞으로 어떻게 될지는 아무도 예측할 수 없었다.

모든 과정 중 단 한 가지라도 잘못되면 일은 물거품이 되고 만다. 루이는 일정을 하나씩 차근차근 준비해나가면서 프로젝트에 온 힘을 쏟았다.

어느 날, 잡지 광고를 담당하고 있는 도모코가 무척이나 당혹스러운 표정으로 루이에게 다가왔다. 육아 잡지의 부록으로 선보일 턱받이의 시제품이 완성된 것까지는 좋았는데 안감으로 고른 천이 유기농 소재가 아닌 모양이었다.

"틀림없이 잡지 편집부 쪽에 유기농 면을 사용하라고 요청했지?"

루이의 질문에 도모코는 맞다고 대답했다.

"유기농 면은 화학비료나 농약을 치지 않고 재배한 목화를 사용한 무명천이에요. 그 설명만 놓고 보면 시제품의 안감은 틀림없이 유기농 면을 사용했어요. 그런데 턱받이에 색을 넣기 위해 사용한 옅은 초록색 염료가 화학염료였나 봐요. 그린그레이는 여태껏 화학염료를 절대 사용하지 않는다고 말해왔으니 이 시제품을 인정할 리가 없겠죠."

어느새 루이의 미간에 주름이 잡혔다. 그린그레이는 에시클이라는 신념에 강한 자부심이 있는 브랜드다. 일본 첫 진출 기념으로 제작한 아기용 턱받이가 자사 기준에 맞지 않는다는 사실은 결코 용납될 수 없다.

도모코에게 보고받은 바에 의하면, 이 일을 알게 된 그린그레이의 유리는 서둘러 본사 관리 부서에 연락해 기존에 대

량으로 사두었던 무명천을 턱받이용으로 공급해달라고 조치를 취했다고 한다.

"그렇지만 부록 교체 작업을 일정 내에 마칠 수 있을지, 지금으로선 아슬아슬하다고 해요. 만에 하나 생산이나 운송에 차질이라도 생기는 날엔 끝장이에요. 비용 면에서도 벌써 부록에 사용할 수 있는 한도액을 넘어버렸고. 정말이지 조마조마해 죽겠어요."

도모코는 "후유!" 하고 크게 한숨을 내쉬며 루이의 책상 위에 놓인 리셉션 기획서로 시선을 옮겼다. 그리고 기획서의 표지 글씨를 눈으로 좇으면서 이번에는 혼잣말처럼 중얼거렸다.

"솔직히 그린그레이가 고집을 부리는 바람에 저도 편집부도 끌려다니고 있어요. 하지만 그렇게까지 꼭 지키려고 하는 신념이 있다는 게 어떤 의미로는 부러워요."

루이는 얼굴을 들어 도모코의 표정을 보았다. 그리고 '끌려다니고 있다'고 말한 데 비해서는 평온한 모습에 안심해 가슴을 쓸어내리고는 작은 목소리로 말했다.

"맞아. 우리 일은 고객이 많아지면 많아질수록 다양한 경험을 쌓을 수 있다는 점이 매력적이긴 하지만 완고한 장인의 일하고는 조금 다르지.”

　루이는 얼마 전에 담당했던 스프링 제조회사의 안건을 떠올렸다. 스프링이라고 해도 크기는 물론 형상이나 소재, 용도가 굉장히 다양한 제품을 수주하고 생산하는 회사다. 이 회사는 팸플릿을 제작할 때도 상품을 설명하는 단어 하나 소홀히 하는 법이 없어 마감이 지나서까지도 표현을 다듬고 또 다듬었고 그린그레이와 마찬가지로 자사의 이념에 강한 자부심이 있었다. 그들에게 휘둘려 위태로운 상황을 겪기도 했지만 그때의 기억을 떠올린 루이는 그린그레이의 굳은 신념을 부러워하는 도모코의 기분을 알 것 같았다.

　루이는 흘낏 손목시계를 확인하고는 표정을 한 번 다잡고 나서 도모코에게 물었다.

　“한 시간 후에 그린그레이로 가서 유리 씨와 회의할 건데 혹시 전할 말 있어?”

　“특별한 일은 없습니다. 아까 말씀드린 시제품 얘기가 나올 텐데, 지금 우리가 할 수 있는 건 아무것도 없으니까요. 그냥 유리 씨와 잡지 편집부가 잘 수습해달라고 부탁해주세요. 그리고 다른 매체에도 내보낼 기사광고 건은 차질 없이 진행되고 있으니 괜찮습니다."

　도모코의 보고를 들은 루이는 고개를 끄덕이면서 "알았어" 하고 대답했다. 그러고는 기획서를 집어 들고 자리에서 일어났다. 유리와 회의하기 전에 리셉션을 담당하고 있는 팀원에게 진행 상황을 확인해야 한다.

　그 순간 루이의 스마트폰이 울렸다.

일과 육아 사이에서
균형 잡기

"네, 루이⋯⋯."

　이름을 대려는 내 말이 채 끝나기도 전에, 평소의 침착한 태도로는 도저히 상상할 수 없을 정도로 초조한 듯한 유리의 목소리가 들려왔다.

　"저, 루이 씨? 그린그레이 유리예요."

　"무슨 일이에요?"

　유리의 목소리에 불길한 예감이 스쳐 다급히 물었다.

　결국 걱정하고 있던 스타이 납품을 제날짜에 하지 못하게 된 것일까? 아니면 미국 본사에서 프로모션 안을 뒤엎겠다는 소식이라도 들었을까?

유리는 아무래도 걸음을 재촉하며 통화하고 있는 것 같았다. 거친 호흡 사이로 짜낸 듯한 목소리가 겨우 들려왔다.

"죄송해요. 실은 아이가 열이 난다고 해서 급히 어린이집에 가는 길이에요. 그래서 말인데 오늘 회의는 취소해도 될까요?"

'뭐야, 겨우 그거였어?'

나는 순간적으로 이렇게 생각하고 말았지만 곧장 머리를 흔들며 그 생각을 지웠다. 업무상 최악의 경우를 상상했던 내게는 '겨우 그런 일'일지도 모르겠지만 유리에게는 그렇지 않을 것이다. 아이가 갑자기 열이 나는 일은 결코 '겨우 그런 일'이 아니다.

나는 될 수 있는 한 밝은 목소리로 말했다.

"괜찮아요. 방금 전 저희 회사 도모코 씨에게 부록 시제품에 관한 얘기는 들었습니다. 그 외에 리셉션에 관한 진행사항도 팀원에게 수시로 보고받고 있어요. 순조롭게 준비하고 있으니 걱정하지 마세요."

"감사합니다! 회의 때 말씀드리고 싶었던 내용을 늦어도 오늘 중으로는 정리해서 메일로 보내드릴게요. 그럼 실례지만 먼저 끊겠습니다."

유리는 그렇게 말하고 나서 전화를 끊었다. 소리가 끊어진 스마트폰을 귀에서 떼자 약간 멍해진 상태로 네 살이라고 한 유리의 아이가 남자아이일지 여자아이일지 궁금해졌다.

그러고 보니 소꿉친구인 사키의 아기 성별도 아직 몰랐다. 나는 세상의 많은 여자에게 일 이상으로 소중한 존재가 있다는 사실에 새삼 기분이 묘해졌다.

뜻하지 않게 회의 시간이 비어버렸다. 덕분에 휴게실에서 페트병에 담긴 시원한 차를 마시면서 여유 있게 일정을 체크할 짬이 났다.

그린그레이의 리셉션, 리셉션에 맞춘 프로모션 준비 그리고 이번 프로모션의 핵심인 육아 잡지와의 컬래버레이션 기획 등 모든 작업의 마감 일자를 확인하면서 일정이 늦어질 것 같은 항목에 표시했다.

하나라도 준비가 늦어지면 전체 일에 지장이 생긴다. 그런 경우를 예측해 짚어가면서 일정을 조정하다 보니 마치 복잡괴기한 열차의 타이어 도면을 손으로 그리고 있는 듯한 기분이 들었다.

20분쯤 지났을까. 슬슬 사무실로 돌아가려던 참에 또다시 스마트폰이 울렸다. 화면을 보니 모르는 번호다. 고개를 갸우뚱하며 조심스레 생각했다.

'누구지?'

스마트폰 주소록에 등록되어 있지 않아 당연히 이름은 뜨지 않았지만 짧은 순간 아무리 생각해봐도 떠오르는 사람이 없었다.

"여보세요?"

높은 톤의 목소리로 전화를 받자 귀에 반가운 목소리가 들려왔다.

"아, 루이? 루이지? 나, 사키야."

여름이 시작될 무렵,
우연한 만남

주말은 반팔을 입고 나갈 수 있을 정도로 초여름 날씨였다. 이제 두 달쯤 후면 본격적인 여름이 시작된다.

나는 요코하마에 있는 차이나타운 입구로 막 들어섰다. 사키와는 이곳에 있는 프랜차이즈 커피숍에서 만나기로 했다. 사키는 학교를 졸업하고 결혼한 후에도 고향에서 멀지 않은 이곳에 살고 있었던 것이다.

사키에게 2층에서 기다리고 있다는 메시지를 받고 카운터 앞에 서서 주문한 음료가 나오기를 기다리면서 아렴풋이 예전의 그

너를 떠올렸다.

며칠 전에 전화를 걸어온 사키는 결혼 후 남편의 성을 따라 이름이 바뀌었다고 알려주며 목소리를 낮춰 이렇게 속삭였다.

"나 말이야, 한자에 물 수 자가 잔뜩 들어간 이름이 됐어."

머릿속으로 사키의 이름을 떠올리자 그런 말을 부끄러워하며 고백하는 사키가 귀여워서 나도 모르게 웃음이 나왔다.

2층으로 올라가자 컵을 양손으로 꼭 쥐고 주스를 홀짝홀짝 마시고 있는 사키가 보였다. 바로 날 알아본 사키는 목소리를 한 톤 높이고 가볍게 손을 흔들며 말했다.

"루이! 오랜만이야."

사키는 책을 읽던 옆자리 손님이 불만스러운 표정으로 쳐다봐도 아랑곳하지 않고 나를 부둥켜안으며 반가워했다. 집 근처 전문대학을 졸업한 사키는 4년제 대학에 진학한 나보다 한발 먼저 사회에 나가 신용금고에서 일을 시작했다.

내가 막 대학교 4학년이 된 어느 날엔가 사키와 이곳 차이나타운에서 만난 적이 있었다. 그날 사키는 저녁 먹기 좋은 식당이 있다면서 좁은 뒷골목을 성큼성큼 걸어갔고 나는 사키를 뒤쫓아가면서 차이나타운 특유의 야릇한 불빛과 길 양쪽에서 손님을 끄느라 시끌벅적한 중국어에 취한 기분이 들어 아찔아찔했던 기억이 떠올랐다.

그로부터 10년은 지난 지금, 오전의 엷은 햇살을 받고 있는 사키는 온화하고 행복한 미소를 띠고 있었다.

바람 같은 엄마,
해님 같은 엄마

오랜만에 만나 너무나 기뻤던 우리는 긴 시간의 공백을 수다로 단숨에 메웠다. 사키는 10년 전과 다름없이 신용금고에서 일하고 있으며, 작년에 같은 직장에 다니는 스물일곱 살의 남자 후배와 결혼했다고 한다.

"전혀 몰랐어. 결혼식 때 왜 안 불렀어?"

그렇게 말한 내 얼굴을 2, 3초쯤 쳐다보던 사키는 풋 하고 웃더니 주스가 담긴 컵에 시선을 떨어뜨리고는 혼잣말처럼 중얼거렸다.

"실은, 결혼식을 안 올렸어. 우리 엄마가 연하남은 절대로 안 된다고 오기를 부리시는 바람에 그렇게 됐지 뭐야. 시부모님이랑 우리 아빠는 축복해주셨는데 말이지. 나도 뭐, 식 같은 거 아무래도 상관없긴 하지만."

"정말? 너네 엄마가 그러셨단 말이야? 뜻밖이네."

나는 어릴 때부터 사키가 부러웠다. 우리 집에는 '옷을 더럽히면 안 돼'라든가 '학교가 끝나면 집으로 바로 돌아와야 해' 같은 규칙이 있었다. 그런 사소한 규칙은 해마다 늘어나 '공부를 열심히 해서 꼭 1등을 해야 돼', '반장 선거에서 꼭 뽑혀야 해' 같은 과제까지 더해졌다.

당시 나는 그 중압감에 눌려 쓰러질 것만 같았다. 하지만 규칙을 지키면 칭찬을 받는 반면 지키지 못하면 야단맞는다는 걸 알고 있었기에 온 힘을 다해 엄마가 원하는 '착한 아이'로 줄곧 살아왔다. 그리고 어느새 무의식중에 엄마를 비롯한 어른들의 표정을 살피고 미리 기대에 부응하려고 기를 쓰는 아이가 되었던 것이다.

사키는 그런 나와는 대조적이었다. 하굣길에 다른 곳에 들러도 야단맞지 않았다. 피구를 하다가 넘어지거나 공에 맞아 옷이 더러워져도 혼나지 않았다. 신나게 몸을 움직여 뛰어다니고 다양한 과외활동에 참여했던 그녀는 언제나 자유롭고 반짝반짝 빛났으며 자상한 엄마가 곁에 있어 행복해 보였다.

"우리 엄마는 '바람'이고 너희 엄마는 '해님'이야."

나는 차가운 바람과 따뜻한 해님이 나그네의 외투를 벗기려고 경쟁했다는 이솝우화에 엄마들을 비유해서 그렇게 말하곤 했다.

내가 뜻밖이라고 한 말을 들은 사키는 불쑥 얼굴을 들더니 나를 쳐다보며 말했다.

"결국 우리 엄마도 너희 엄마랑 똑같았어."

자유를 배우기도 전에
이미 길들여졌다

커피숍 2층 자리는 서서히 사람들로 채워졌다. 차이나타운에 온 사람들은 일단 이곳에서 만나 함께 나가려는 것 같았다. 그들이 내는 활기찬 분위기를 느끼면서 나는 사키의 말에 위화감을 느꼈다.

"뭐라고? 우리 엄마랑 너희 엄마가 똑같다니 무슨 말이야?"

믿을 수 없다는 표정으로 눈을 동그랗게 뜨자 사키는 천천히 입을 열었다.

"우리 대학교 1학년 때, 같이 미팅에 나간 적 있잖아. 그날 밤 내가 너네 집에서 자고 간다고 엄마한테 전화했을 때 대판 싸웠던 거, 기억나?"

"아, 그랬었지. 그땐 정말 깜짝 놀랐어."

대학교에 들어가자 나는 부모님의 반대를 무릅쓰고 겨우 독립해 혼자 살기 시작했다.

어느 날, 도쿄에 놀러온 사키와 함께 미팅에 나갔다가 너무 늦어버려 사키가 우리 집에서 묵은 일이 있었다. 그날 밤 휴대전화로 걸려온 전화를 받은 사키는 상대방과 큰소리로 말다툼을 하기 시작했다. 내용을 들어보니 전화를 걸어온 사람은 사키의 엄마였다. 사키는 결국 펑펑 울면서 휴대전화의 전원을 끄고는 냅다 벽에 던져버렸다. 그런 사키를 보며 나는 아무 말도 할 수가 없었다.

나는 사키가 해님같이 상냥하고 너그러운 엄마와 말다툼을 한다는 사실을 믿을 수 없어서 울고 있는 사키의 어깨를 그저 가만히 토닥여주었다.

사키가 말했다.

"우리 엄마는 말이야, 내가 어렸을 땐 정말 다정다감한 분이었어. 하지만 고등학생이 될 무렵부터 잔소리가 점점 많아지시더라고. 보통 땐 같이 외출도 하고 쇼핑도 하는 사이좋은 모녀인데, 나중에는 내 인간관계까지 참견하시는 거야."

사키는 조용히 숨을 고르며 살짝 미소를 지어 보인 후 이야기를 이어나갔다.

"나 예전에 친구 얘기며 좋아하는 남자 얘기까지 엄마한테 다 털어놓았었잖아. 엄마가 가족은 서로 숨기는 게 없어야 한다고 늘 말했기도 하고 나도 가족이란 그런 건가 보다 했으니까. 그런데 어느 순간부터 엄마가 '걔보다는 얘랑 친하게 지내는 게 좋겠어' 라든가 '남자아이랑 너무 친하게 지내면 안 돼'라고 하더니 결국에는 '이런 회사에 취직해야 행복한 거야' 그런 말까지 하면서 엄마 뜻대로 하려고 하셨어. 내 인생은 엄마 것이 아니라고 말해도 전혀 듣질 않으셨어."

사키의 말을 들어보니 사키의 엄마도 우리 엄마랑 다를 바가 없었다.

사키와 나의 다른 점은 엄마의 심리적 속박에 익숙해져 있느냐 아니냐, 오직 그 한 가지였다. 나는 어릴 때부터 쭉 엄마에게 억눌려오면서 자유를 향해 조금씩 조금씩 영악하게 다가갔다. 중학생이 되고 고등학생이 되면서 일분일초라도 빨리 부모에게서 독립해야겠다고 마음먹었다. 나에게는 변함없이 '해야만 한다'는 주문이 산처럼 쌓여 있었지만 대학생이 되고 성인이 되면 엄마의 속박에서 해방되리라 믿었다. 그리고 그날이 오기만을 손꼽아 기대하면서 집과 멀리 떨어진 대학에 들어가기 위해 공부에만 매달렸다.

마침내 나는 제법 이름이 알려진 대학에 합격했고, 정말 대단하다는 지인들의 칭찬에 엄마가 우쭐한 마음에 내심 흐뭇한 표정을 짓고 있을 때를 틈타 착착 독립을 준비하고는 내 멋대로 이사를 감행했다. 독립해서 혼자 사는 일은 내가 태어나 처음으로 쟁취한 자유였던 것이다.

하지만 사키는 달랐다. 다 자란 후 갑자기 간섭받게 된 탓에 빠져나오려고 발버둥치는 방법도, 엄마에게서 벗어나는 방법도 알지 못했다.

"너희 엄마도 딸에게 자신이 이상으로 여기는 인생을 걷게 하고 싶으셨던 거네."

불쑥 한마디를 던진 내게 사키는 크게 고개를 끄덕였다.

사키는 4년제 대학교가 아닌 전문대학에 진학하고 그럭저럭 유명한 회사에 사무직으로 취직했지만 직장에서 능력 있는 남자를 붙잡아 결혼해야 여자가 행복해진다는 이야기를 엄마에게서 계속 들어왔다면서 자학하듯 말했다.

"결국 나는 엄마가 생각한 대로 살고 있는 거지."

나는 항상 차가운 바람을 세차게 내뿜는 엄마를 향해 마음의

외투를 단단히 여미면서 벗겨지지 않게 하려고 힘껏 저항해왔다. 반면에 따뜻한 해님이었던 사키의 엄마는 사키의 마음을 느슨하게 해 스스로 자연스레 외투를 벗게 했다. 이윽고 해님은 사키를 몽땅 불태워 저항할 수조차 없게 했던 것이다.

나는 사키에게서 시선을 돌려 창을 통해 서서히 기세를 더해가며 내리쬐는 햇빛을 바라보았다.

인생의 가장 큰 숙제도
엄마 손에

사키는 한 번 자세를 고쳐 앉더니 내게로 약간 몸을 기울여 다가오면서 작은 목소리로 속삭였다. 취직한 지 얼마 안 되어 만나기 시작한 남자친구 얘기였다. 사키는 한때 작은 외국계 회사에서 일하는 남자를 사귀었고 서로 결혼을 약속했다고 한다. 하지만 사키의 엄마가 결혼을 심하게 반대했다. 사람들에게 별로 알려지지 않은, 듣도 보도 못한 회사에 근무한다는 사실이 못마땅했던 것이다.

사키는 주스가 담긴 컵을 손으로 꽉 움켜쥐더니 다시 입을 뗐다.

"그 사람은 리먼 쇼크(2008년 미국의 대규모 투자은행이자 증권회사인 리먼브라더스가 경영난으로 파산하고 그 부차적인 영향으로 전 세계의 금융시장과 경제가 위험에 직면한 사건—옮긴이)로 회사에서 구조조정 대상이 됐어. 어느 날 엄마에게 그 얘기를 했더니 '그것 봐라. 내가 뭐랬니? 그래서 안정된 회사에 다니는 사람과 사귀라고 그렇게 말했는데!' 하고 어찌나 화를 내시던지."

하지만 그 남자는 능력 있는 사람이어서 금세 전도유망한 벤처기업에 재취업했다. 그런데도 엄마는 또다시 "벤처기업에서 일해봐야 별 볼 일 없어!"라며 그 사람과의 교제를 계속해서 말렸고 그러는 사이 그와 자연히 멀어졌다고 한다. 주스를 다 마시고 찌그러뜨린 종이컵을 손으로 만지작거리며 고백하는 사키를, 나는 조마조마한 심정으로 바라보았다.

결국 사키는 엄마의 속박에서 벗어나지 못했다. 엄마와 함께 살면서 매일 엄마의 잔소리를 듣다 보니 사랑하는 사람과의 장래를 생각할 수 없게 된 것이다.

나는 등골이 오싹해졌다. 커피숍 안의 에어컨 때문이 아니었다. 바로 여기에, 이렇게 가까운 곳에 엄마의 간섭으로 힘들어하는 사람이 있다는 사실을 알게 되었기 때문이다. 사키는 그런 내게 눈길을 주지 않은 채 말을 이어갔다.

"내 장래가 걱정돼서 그렇다고 말하면서도 왠지 기뻐하는 것 같은 엄마 표정을 보고 깨달았어. 엄마는 내가 나다운 행복을 찾길 바라는 게 아니라 엄마가 생각한 대로 인생을 살게 하고 싶은 것뿐이라는 걸 말이야. 나는 너처럼 독립할 용기가 없어서 아무 생각 없이 엄마가 원하는 인생을 걸어가게 된 거지. 남편이 연하라는 것만은 엄마의 의도에서 빗나갔지만."

겨우 고개를 든 사키는 슬픈 것 같기도 하고, 행복한 것 같기도 한 묘한 웃음을 보였다. 그런 사키를 보면서도 내 등줄기를 따라 기어가는 듯한 오싹한 느낌은 계속 사라지지 않았다.

잠시 후에 나는 목소리를 짜내어 말했다.

"모처럼 차이나타운에 왔으니까 근처 신사에 같이 참배하러 가자. 너는 순산을 기원하고 나는 좋은 인연을 만나길 빌어야 하니까."

내 목소리는 나 자신도 놀랄 정도로 갈라져 나왔다. 커피를 다 마셨는데도 너무나 목이 말랐다. 사키는 "그럴까?" 하고 한마디로 대답하고 약간 불러 보이는 배를 손으로 어루만지면서 자리에서 일어나 씩 웃었다.

문득 나는 아직 사키의 아이가 아들인지 딸인지 묻지 않았다

는 데 생각이 미쳤다. 여전히 갈라진 목소리로 성별을 묻자 사키
는 미묘한 표정으로 대답했다.

"여자아이. 딸이야."

나의 오한은 점점 더 심해졌다.

좋은 엄마란
어떤 엄마일까?

내 앞을 천천히 걸어가는 사키는 십여 년 전에 붐비는 사람 틈을
헤쳐나가고 음식점에서 척척 요리를 골라 주문해주던 그녀가 아
니었다.

지금 생각해보면 사키는 당시에 꽤 까칠했다. 어머니에게 자
신의 인생을 계속 부정당하며 쌓인 울분을 풀 방법을 몰라 서러
움을 품은 채 어쩌지도 못하고 그저 초조했을 것이다.

하지만 지금은 평온해 보였다. 이런 말을 하면 그녀는 싫어하
겠지만 어릴 때 동경하는 눈으로 보던 '사키의 엄마'를 쏙 빼닮았
다. 분명 사키는 좋은 엄마가 될 것이다.

그런데 좋은 엄마란 과연 어떤 엄마일까?

우리 엄마처럼 딸의 자유를 빼앗고 자신의 이상을 강요하는

건 말도 안 된다. 하지만 사키의 엄마처럼 딸과 친구같이 열린 관계를 만든다 해도 사춘기에 들어선 딸은 엄마의 속박을 민감하게 받아들이고 숨 막혀하며 고민한다. 결국 '좋은 엄마'란 누구에게 좋은 엄마일까?

신사에는 우리 외에 카메라를 든 관광객이 몇 명 있을 뿐 참배하러 온 사람은 없었다. 우리는 큰 향을 사서 다섯 개의 향로에 바치며 필요 이상으로 떠들어댔다.

신사를 나선 우리는 옆 공원으로 발길을 옮겨 중국풍 정자에 앉았다.

"덥네."

"그러게 말이야."

이렇게 말을 주고받고 나서 사키와 나는 잠시 아무 말도 하지 않았다. 이윽고 내 입에서 "미안해" 하는 중얼거림이 튀어나왔다.

대학교 1학년이었던 그때, 사키가 우리 집에 묵으러 왔던 그날 밤, 조금 더 깊이 파고들어 이야기를 들어주었다면 좋았을걸. 사키의 분노와 당혹감을 알아차렸더라면 좋았을걸.

나는 그런 말을 이어서 하려고 했는데 왠지 목이 메어 쉽게 말이 나오질 않았다.

사키는 놀란 듯이 내 얼굴을 쳐다보더니 "무슨, 별소릴 다 하네. 나는 괜찮다니까" 하고 일부러 데면데면하게 말했다. 사키는 내가 무슨 말을 하고 싶어 하는지 다 알고 있는 것 같았다. 사키의 말에 나는 조금이나마 위로받은 기분이었다.

마침 점심때여서인지 차이나타운이 떠들썩했다. 그에 비해 공원에 오는 사람은 적었다. 나는 잠시 입을 다물고 있다가 아무래도 궁금했던 것을 사키에게 물어보았다.

"있잖아 사키, 지금은 행복해?"

사키는 한순간 놀란 듯한 표정을 짓더니 이내 활짝 웃으며 내 얼굴을 똑바로 쳐다보고 대답했다.

"응, 너무 행복해. 남편은 나를 있는 그대로 인정해주고 소중하게 대해주거든. 무조건 나를 인정해주는 사람이 있다는 건 정말 행복한 일이야."

"무조건 인정해준다……."

그렇게 되뇐 나는 사키의 얼굴을 똑바로 쳐다볼 수가 없었다.

나를 인정해주는
존재의 의미

자신을 무조건 인정해주는 존재!

내게는 그런 사람이 없었다. 어릴 때부터 어떤 일에 실패하거나 잘못을 저질렀을 때면 반드시 엄마의 표정부터 떠올랐다. "거봐라! 엄마가 뭐랬니?", "엄마 말을 안 들으니까 그런 거야" 하고 야단맞는 게 가장 두려웠다.

성장해서 어른이 된 지금도 마찬가지다. 사귀던 남자와 헤어졌을 때나 회사 일이 잘 풀리지 않을 때면 나를 나무라는 엄마의 목소리가 환청처럼 들리기도 했다.

설령 자식이 어떤 죄를 짓더라도 부모만은 항상 자식이 다시 올바른 길을 찾아갈 것이라 믿는다고들 하지만 나는 부모님이 내 편이 되어줄 거라고는 전혀 생각할 수 없었다. 적어도 엄마는 나를 믿지 않는 것 같았고 아버지의 마음은 잘 알지 못했다.

"잘 모르겠다."

나도 모르게 불쑥 중얼거렸다.

"뭘?"

조심스럽게 묻는 사키의 시선을 피하면서 나는 혼잣말처럼 이야기를 계속했다.

"나는 부모님한테 인정받으려고 줄곧 '착한 딸'로 살아왔는데도 부모님이 하는 요구는 끝이 없잖아. 부모님도 인정해주지 않는데 타인이 나를 인정해줄 리가 없지."

사키는 내 말을 가만히 듣고 있다가 다시 나를 똑바로 쳐다보면서 말했다.

"남자를 사귀지 말라고 귀에 못이 박히도록 잔소리를 하더니만 성인이 되자 왜 아직도 결혼하지 않냐고 성화를 하질 않나, 막상 결혼하겠다고 하면 상대가 마음에 들지 않는다고 하고 말이야. 이런 상태로 가다간 배 속 아이에 대해서도 무슨 말을 들을지 모르겠어. 혹시 문제가 있는 아이라도 태어나면 틀림없이 '너는 어떻게 그런 애를 낳았니? 얼마나 더 불효를 해야겠어?' 하는 소리까지 듣게 될 거야."

내 등 주위가 다시금 오한으로 떨렸다. 아기를 가져 행복해 보이는 사키가 그런 두려움을 느끼고 있었다니. 아마도 일그러진 표정으로 굳어 있을 나를 바라보면서 사키는 말을 이어갔다.

"하지만 말이야, 나한테는 남편이 있어. 그 사람은 내 존재를 있는 그대로 받아들여 주거든. 물론 아기가 어떤 모습으로 태어나도 똑같이 있는 그대로 받아들여 줄 거야. 그런 믿음이 생기니까 왠지 이제는 엄마가 무슨 말을 하든 그다지 신경이 안 쓰여."

사키는 마치 노래를 부르는 듯한 억양으로 배를 가볍게 문지르면서 소곤거렸다.

"엄마는 엄마, 나는 나 그리고 아기는 아기니까."

엄마가 될 여성의 강인함일까? 아니면 단지 강한 척하는 것일까? 사키의 표정은 지금까지 본 적이 없을 정도로 빛나 보였다. 나는 사키에게 할 말을 잃은 채 한동안 멍하니 있었다.

그러다 문득 사키가 이렇게 말했다.

"우리 둘 다 엄마란 존재가 참 어렵네. 그렇게 말하는 나도 나중에 엄마처럼 딸의 인생에 사사건건 간섭하게 될까?"

진지한 사키의 말이 나의 가슴속을 무겁게 짓누르며 내려앉았다.

엄마의 어린 시절을 조사해
기록해보라

사키의 엄마는 아이가 어렸을 때는 이해심이 많았으나 딸이 사춘기에 들어설 무렵부터는 태도를 바꿔 딸을 심하게 구속한 엄마의 전형적인 예입니다. 사키는 엄마같이 되고 싶지 않다고 생각하면서도 마음 한구석에서는 행여나 자신도 나중에 엄마를 똑같이 따라 하진 않을까 하는 불안에 사로잡혀 있습니다.

　실제로 이런 고민을 호소하는 여성이 상당히 많습니다. 자신도 엄마의 행동을 답습하게 될까 봐 두려운 나머지 아이를 갖지 못하고 주저하는 여성도 꽤 있습니다. 또한 아이를 기르는 과정에서 예전에 엄마에게 받은 심한 상처가 플래시백(강한 심적 외상, 트라우마를 겪은 이후 갑자기 강렬한 회상이나 꿈 형태로 다시 그 상황을 끔찍하게 겪는 현상—옮긴이) 된다는 고민을 안고 있는 여성도 있습니다.

엄마가 된 후에도 어린 시절 엄마에게 받은 스트레스를 쉽게 잊지 못합니다. 그럼에도 딸의 입장에서 엄마에게 상처받은 말이나 행동을 자신의 딸에게 똑같이 되풀이하는 사람도 있습니다. 막상 엄마라는 자리에 앉으면 자신이 하는 행위를 객관적인 관점에서 보기가 쉽지 않기 때문입니다.

딸에서 엄마로 위치가 바뀌면 힘이 생깁니다. '어머니는 강하다'는 뜻이 아니니 오해하지 않길 바랍니다. 세상도 상식도 그리고 사회의 모든 시스템이 엄마라는 이유로 자식에게 지배권을 갖도록 작동하고 있습니다. 자식에게 어떻게 하든 엄마라면 허용됩니다. 그런 자신을 자식의 입장이나 한발 물러선 입장에서 보려는 노력이 필요하지만 엄마들은 엄마라는 이유만으로 모든 것이 허용되는 사회적 분위기에서 굳이 자신의 행동을 객관적으로 보려고 하지 않습니다.

그렇다면 엄마처럼 되고 싶지 않은 딸은 어떻게 해야 할까요? 사실 '엄마처럼은 되고 싶지 않다'는 감정적인 반발만으로는 자신을 제어하기에 부족합니다. 태어나서 막대한 시간을 엄마와 함께 보내고 엄마에게 양육되면서 형성된 딸의 사고방식이나 행동 습관은 쉽게 바뀌지 않습니다. 그래서 엄마에게 반발을 느끼고 있던 딸마저도 자신의 아이가 생기면 엄마와 같은 행동을 하게 될 가능성이 높습니다.

　그 모순된 상황을 피하기 위해서는 엄마의 성장 배경이나 결혼에 이르기까지의 인생을 살펴보고 엄마가 자신을 키우면서 어떤 말과 행동을 했는지, 또 그 이유는 무엇인지를 파악해 보는 것이 좋습니다. 엄마라는 한 사람의 인간을 다양한 시점에서 여러 방면으로 연구해 그 인생을 나름대로 되짚어보면 엄마가 왜 자신을 마음대로 다루고 싶어 했는지 구체적으로 알게 될 것입니다. 엄마를 연구해보면 실제 엄마의 모습이 엄마가 자신에게 심어주고 믿게 하려던 어머니상과 다르다는 것을 알게 됩니다. 그러면 지금까지 자신이 알고 믿어온 어머니상을 떨쳐버릴 수 있습니다.

　그렇다면 엄마에 대해 효과적으로 연구하기 위한 단계를 살펴봅시다.

1단계. 엄마의 주변 사람을 만나 이야기를 들어본다

친척이나 친구 등 엄마 주변에 있는 사람들을 가능한 한 많이 만나 이야기를 들어봅시다. 엄마가 어떤 어린 시절과 청년기를 보냈는지, 엄마의 엄마 즉 할머니와의 관계는 어땠는지, 그리고 아빠와 엄마는 어떻게 만나 결혼하게 되었는지 등을 알아봅니다. 엄마에게 형제자매가 있다면 또 다른 새로운 면을 알 수도 있습니다. 때로는 한 사람의 소녀로서 엄마의 성장 과정을 더듬어 올라가 보면 같은 여성으로서 공감할 수 있는 점을 발견할 수도 있습니다. 가장 큰 수확은 엄마에게 들었던 이야기와는 다른 내용을 듣게 된다는 사실입니다. 어떤 한 가지 이야기만이 진실이라고 믿을 필요는 없다는 점을 기억해야 합니다.

일본의 저명한 근대 소설가 아쿠타가와 류노스케芥川龍之介의 대표작인 《라쇼몽》羅生門(생존을 위해 악행을 저지르는 인간의 에고이즘을 극명하게 그려내고 작가의 해석을 더한 소설—옮긴이)이 보여주듯이, 같은 일이라도 다섯 명이 있으면 다섯 가지의 인식 방법이 존재하기 마련입니다.

이로써 엄마에게 들은 이야기만이 진실이라는 인식이 바뀐다는 것이 가장 중요합니다. 엄마에 대해 갖고 있던 고정된 인식은 엄마에게 강제적으로 전달받아 형성되었는지도 모릅니다. 주변 사람들에게 이야기를 들어봄으로써 엄마에게 들은 이야기와 엄마의 친척이나 친구가 말하는 엄마의 모습 사이에 존재하는 차이를 알아야 합니다. 거짓인지 진실인지를 가려내라는 게 아니라 엄마에게도 다양한 모습이 있다는 사실을, 조금 거리를 두고 지켜보며 즐기라는 뜻입니다.

지금껏 엄마로 인해 힘들어하고 있었는데 갑자기 즐기라니, 절대 불가능하다고 생각할지도 모릅니다. 하지만 그룹 상담을 해보면 대부분의 사람은 자신의 엄마와 관련된 이야기에는 절대 웃지 못하지만 다른 사람이 그 자신의 엄마에 대해 하는 말과 행동은 재미있게 느껴 엉겁결에 웃고는 합니다. 문장으로 읽으면 비참하지만 '독이 되는 엄마'毒母(과도한 간섭으로 아동을 학대하는 독과 같은 부모를 이르는 말로 미국의 정신의학자 수전 포워드Susan Forward가 쓴《독이 되는 부모》Toxic Parents에서 생겨난 말이다─옮긴이)에 관한 에피소드를 들으면 웃을 수 있습니다. 엄마에 관한 연구는 되풀이해 읽으며 웃거나 문장을 쓰면서 즐거워지는 효과도 있습니다.

2단계. 자신이 힘들어질 연구는 하지 않는다

딸이 엄마에 관해 연구하는 이유는 무엇보다 자신의 마음을 편하게 하기 위해서입니다. 자신에게 바짝 달라붙어 떨어지지 않는 엄마를 한 발짝 물러나 살펴볼 수 있도록 거리를 조절하기 위한 것입니다. 연구를 하다 보면 자라면서 엄마에게 받은 심한 말과 행동을 다시 되새겨야 할 때도 있습니다. 스스로를 질책하거나 화가 나고 상심할 일도 생길 것입니다. 하지만 엄마를 연구하는 목적은 자신을 괴롭히고 탓하기 위해서가 아닙니다.

우리는 흔히 '과거는 바꿀 수 없다. 그러므로 받아들이고 앞으로 나아가야 한다'는 말을 듣지만 이 말은 과연 맞는 말일까요? 설교마다 빠지지 않고 등장하지만 단정 지어 말하자면 이 문장은 틀렸습니다.

과거에 생긴 일은 자신이 어떻게 인식하느냐에 따라 얼마든지 바꿀 수 있습니다. 나무에서 사과가 떨어진다는 '사실'은 바꿀 수 없습니다. 하지만 사과가 왜 떨어졌는지, 사과가 떨어진 사실이 자신에게 어떤 영향을 미쳤는지에 대한 '해석'은 바꿀 수 있습니다.

엄마가 "어쩔 수 없었어", "그럴 수밖에 없었단다" 하고 입

버릇처럼 말하던 일들도 실은 그녀 스스로 선택했다는 사실을 연구를 통해 알게 됩니다. 이처럼 엄마의 말이나 행동을 어떻게 받아들일지는 바꿀 수 있습니다.

어디까지나 엄마를 연구하는 목적은 '엄마는 왜 이렇게 말하고 행동하는 걸까?' 하고 '왜'라는 의문을 해결하는 데 있다는 사실을 잊지 말아야 합니다. 여기서 '왜', '어째서' 하고 의문을 갖는 목적은 결코 원인을 찾기 위해서가 아닙니다. 원인은 대개 하나밖에 없으며 사과의 예에서 말했듯이 단 하나의 원인을 찾는 것보다 어떻게 해석하느냐가 더욱 중요하기 때문입니다.

우리가 자주 접하는 '자기애 엄마'라는 말도 엄마의 말과 행동의 원인이 자기애성 인격장애(자신의 재능이나 능력을 과대평가하고 인정받고 싶은 욕구와 다름에 대해 공감하지 못하는 것을 특징으로 하는 인격장애—옮긴이)에 있다고 보는 관점에서 생겨났습니다. 분명히 이 사실을 알고 납득하는 사람은 많을 것입니다. 하지만 단 하나의 알기 쉬운 원인이 아닌, 다양한 요인과 배경을 아는 것이 중요합니다. 알기 쉬운 원인을 파헤치는 데 지나치게 몰입하다보면 너무 단순해서 오히려 중요한 부분을 놓칠 수도 있습니다.

3단계. 사실보다 문맥이 중요하다

엄마에 대한 연구 결과는 문장으로 정리해야 합니다. 글을 쓰는 작업이 꽤 힘들다고 생각하는 사람도 많겠지만 다음 과정을 따라 하면 어렵지 않습니다.

우선은 얻은 정보를 워드나 엑셀로 정리해 컴퓨터에 저장하는 일부터 시작하세요. 정보의 대부분은 이야기하는 사람이 일방적으로 기억하는 내용이기 때문에 '객관적'이지 않습니다. 이 사실이 무엇보다 중요합니다. 가까운 사람과의 사이에 일어난 일을 판정할 만한 증거가 될 사진이나 녹음 파일이 있을 리 없습니다. 대부분은 머릿속에 보존된 기억을 떠올려 이야기로 엮습니다. 따라서 그 사람들에게 들은 내용을 글로 정리하는 작업이 필요합니다.

문서로 정리한 내용을 가만히 읽고 있으면 신기하게도 거기서 엄마라는 인물이 떠오르게 됩니다. 따로따로 들었던 에피소드가 연결되어 어느 사이엔가 현재의 엄마에까지 이르는 문맥이 만들어집니다. '이러한 어린 시절을 보냈고 청춘을 맞이했으며, 이렇게 해서 아버지와 결혼했다'는 이야기, 즉 문맥을 만들어가는 것입니다.

이 문맥을 따라가면 엄마가 한 사람의 인간으로, 그리고 여성으로 보이게 됩니다. 아마도 엄마는 현재까지 자신의 모습이 어땠는지 객관적으로 들여다보기 위해 스스로 시간을 들여 살펴보는 일은 하지 않을 것입니다. 딸이 엄마를 연구하는 일은 엄마를 위해서가 아니라 자신을 위해서라는 사실을 잊지 말아야 합니다.

또한 엄마를 용서하기 위해서라든가 받아들이기 위해서 하는 것도 아닙니다. 한 사람의 인간으로서, 자신과 같은 여성으로서 엄마를 볼 수 있게 되는 것, 즉 엄마와 나 사이에 '심리적 거리'를 만들기 위한 연구를 하는 것입니다. 또한 엄마의 행동 습관을 알게 되면 그 바탕에 있는 생각을 알게 되므로 앞으로 일어날 일도 예상할 수 있습니다.

태풍을 예측하면 피해를 최소한으로 줄일 수 있듯이, 엄마의 말과 행동에 있는 법칙을 파악하면 무방비한 상태에서 들어오는 무단침입이나 폭언을 예방할 수 있습니다.

4단계. 글을 다른 사람에게 보여준다

엄마를 연구해서 정리한 글은 누군가에게 보여줄 수도 있다는 전제로 써야 합니다. 처음에는 "나의 엄마는 이렇게 심한 사람입니다", "이 정도로 이상한 부모예요"라고 남들에게 알릴 목적으로 하는 것입니다. 그렇지 않으면 좀처럼 쓸 수가 없습니다. 실제로 해보면 구체적인 에피소드를 한 가지만 써도 읽은 사람은 깜짝 놀랍니다. 자신에게는 당연했던 일이지만 글을 읽은 사람은 "좀 심한데!", "어떻게 이럴 수가 있지?" 하는 반응을 일으키게 됩니다.

이때 글을 보여줄 상대는 어떤 내용을 보여주더라도 결코 자신에게 설교하거나 나무라지 않을 만큼 신뢰할 수 있는 사람이어야 합니다.

제가 운영하는 상담 센터에서는 그룹 상담을 실시하는데, 총 10회인 한 과정이 끝나면 한 사람씩 자신이 나고 자란 성장 과정을 발표하고 나머지 사람들은 이야기를 다 듣고 난 후 감상을 말하도록 합니다. 자신이 살아온 시간을 정리하는 일은 곧 엄마를 연구하는 일과 연결됩니다. 따라서 자신의 이야기를 정리해서 발표하는 일은 엄마를 연구하는 일에 매우 깊은 의미를 갖습니다.

이때는 다른 사람의 이야기에 대해 서로 공감한 내용과 긍정적인 감상만을 주고받아야 합니다. 단지 나보다 심하다든가 자신은 그런 식으로 발표할 수 없다고 비판하고 비교하는 것은 아무런 의미가 없습니다. 서로의 공통점을 찾아내고 "지금까지 정말 힘드셨겠어요. 꿋꿋하게 잘 살아오셨네요" 하는 진심 어린 위로와 감상을 전해야 합니다.

앞에서도 루이와 사키가 각자 자신의 엄마를 분석하고 서로 이야기를 나누며 교감하고 위로를 받았습니다. 이 방법을 집단 상담에서 응용하는 것입니다. 옆에서 보면 단순히 엄마에 대해 서로 불만을 털어놓는다고 생각할지도 모르지만 두 사람이 철저하게 '연구'라는 관점으로 생각한다면 좋은 효과를 얻을 수 있습니다.

엄마를 연구하는 일은 자신에 대한 연구로도 이어집니다. 글로 표현하다 보면 자신이 엄마에게 어떻게 다뤄졌는지도 분명해집니다. 상세하게 알게 된다면 앞으로 자신의 자녀에게만큼은 똑같은 일을 반복하지 않기 위한 대책도 구체화할 수 있습니다.

'연구'라고는 하지만 거기에는 오직 하나의 진실만 있지 않습니다. 자유롭게 가설을 전개할 수 있다는 점도 이 일이 즐거워지는 요소입니다. 엄마는 자기 스스로를 연구하지 않기 때문에 이 연구는 딸밖에 할 수 없는 일이고 한편으로는 엄마를 위

한 더 없이 좋은 서비스이기도 합니다. 그렇게 생각하고 즐기
면서 엄마에 대해 더 많이 알아가길 바랍니다.

과거에
잃어버린
자신감 되찾기

반항과 독립 사이

"문제없어요. 예정대로 진행할 수 있어요. 지금 확인했습니다!"

뒤늦게 뛰어 들어온 도모코의 목소리가 회의실에 울렸다. 업무를 협의하고 있던 그린그레이 프로모션 팀원들의 시선이 일제히 문 쪽으로 쏠렸다. 그곳에는 도모코가 활짝 웃으며 손가락으로 승리의 포즈를 취하고 있었다.

그린그레이 프로모션에서 가장 화제를 불러 모은 안건은 젊은 부모들을 대상으로 한 육아 잡지와 협업해 그린그레이의 아기용 턱받이를 부록으로 내놓는다는 전략이다. 지금까지 영유아용 의류는 취급하지 않던 그린그레이가 일본 진출을 기념해서 한정판 아기용 턱받이를 선보이려는 것이다. 아기용 턱받이와 같은 무늬로 만든 엄마용 숄을 그린그레이 홈페이지에서 판매한다는 시도는 미국 본사에서도 긍정적으로 보고 승인해주었다.

그 후 시제품 소재에 문제가 생기기도 하고 브랜드와 협업하는 일에 익숙하지 않은 잡지 편집부에서 일정 조정에 실수를 저지르는 등 우여곡절이 거듭되었다. 하레 에이전시의 잡지 광고 담당으로서 그린그레이와 육아 잡지를 연결하던 도모코는 문제가 생길 때마다 양측 사이를 뛰어다니며 일을 조정하면서 수습에 온 힘을 쏟았다. 그 결과가 아까의 한마디로 터져나왔다.

도모코의 목소리를 들은 루이는 아주 침착하게 두 번, 세번 확인하고 또 확인했다. 그리고 리셉션 전날 밤에는 부록이 실린 잡지를 제시간에 리셉션장에 갖다 놓을 수 있다는 것을 확인하고서야 겨우 웃을 수 있었다.

이후 회의는 순조롭게 진행되었다. 리셉션 준비는 다른 부하직원을 중심으로 착착 진행되고 있었다. 리셉션의 토크 세션에는 젊은 엄마들에게 인기가 많은 연기자와 모델을 한 명씩 초대하기로 결정했다. 그중에서도 모델은 출산 후 공식 석상에 처음으로 참석할 예정이기 때문에 매스컴의 주목을 받을 것이다.

그 외에도 웹사이트와 라디오 프로그램 등에 광고를 제안하는 등 크고 작은 여러 가지 홍보 계획을 세워놓았다.

"자, 현재 모든 진행 사항이 순조롭네."

훑어보던 서류에서 눈을 떼고 얼굴을 들며 확인하는 루이의 말에 부하직원들은 자신 있게 고개를 끄덕였다. 우선 가장 큰 걱정거리였던 부록용 턱받이가 제때 납품되어 육아 잡지와의 협업이 차질 없이 이루어진다는 보고가 오늘의 가장 큰 수확이었다.

그러던 중 오늘의 가장 큰 수확을 이끌어낸 장본인인 도모코가 한 가지 걱정거리를 입 밖에 냈다.

"순조롭기는 하지만 여러분도 그린그레이에서 파견된 '아가씨'는 조심하는 편이 좋을 거예요. 이건 뭐, 귀찮을 정도로 자꾸 연락해서 정보를 공유하지 않으면 위험해요."

"아! 그 직원……."

직원 한 명이 작은 목소리로 중얼거렸다.

도모코와 직원들이 남모르게 '아가씨'라고 부르는 사람은 유리를 대신해 프로모션을 담당하게 된 그린그레이 직원이었다.

일주일 전 유리는 갑자기 아이가 고열로 병원에 입원하게 되어 당분간 자리를 비우게 됐다. 아이가 퇴원할 때까지 유리를 대신해 하레 에이전시를 담당하게 된 사람이 '아가씨'였다.

매사 자신만만한 그녀는 루이를 비롯한 팀원들의 의뢰며 확인 요청에 대해 "제게 맡겨주세요" 하고 흔쾌히 수락하거나 "그건 안 됩니다" 하고 딱 잘라 거절하는 극단적인 태도를 보였다. 그녀의 머릿속에는 조정해보겠다거나 윗선에 보고해서 검토해보겠다는 말은 등록되어 있지 않은 모양이었다.

그녀의 태도 때문에 가장 힘들어하는 사람은 잡지 편집부와의 일정 조정에 쫓기고 있는 도모코였다. 결국에는 아가씨를 믿을 수 없다고 포기하고 아가씨가 해야 할 일까지 도맡아 해왔다.

도모코의 말에 팀원들은 마치 둑을 튼 것처럼 저마다 아가씨에게 휘둘리고 있는 일을 털어놓았다. 그녀가 실제로 귀한

집 아가씨로 자랐는지 어땠는지는 모르지만 예, 아니오가 지나치게 분명한 딱 부러진 성격은 사회인으로서 사람들과의 관계에서 사소한 문제를 일으켰다.

루이는 모두가 터뜨리는 불평에 잠시 귀를 기울이다가 적당한 틈을 보아 입을 열었다.

"음, 공식적으로 말하긴 어려운 얘기지만 실은 나, 매일 밤 유리 씨와 연락하고 있어. 유리 씨도 상황을 아는지라 걱정하고 있거든. 그러니까 혹시 유리 씨에게 부탁할 상황이 생기면 내게 살짝 귀띔해줘."

루이의 말에 입을 다물고 있던 한 팀원이 몇 초간 뜸을 들이고 나서 물었다.

"유리 씨는 언제 업무에 복귀할까요?"

모두 궁금해하는 사항이지만 루이도 전혀 가늠할 수가 없었다.

그날 유리에게서 전화가 걸려온 것은 루이가 막 퇴근을 준비하던 때였다.

"연락이 늦어져서 죄송해요. 실은 내일 아이가 퇴원해요. 이런저런 준비를 하다 보니 벌써 이 시각이 돼버렸네요."

"아, 그러셨군요. 다행이에요!"

루이의 '다행이에요'는 유리의 아이가 건강해져서 다행이라는 의미는 물론, 그녀가 업무에 복귀하게 되어서 다행이라는 두 가지 의미를 포함하고 있었다.

중의적인 의미를 알아차렸을까? 유리는 여느 때처럼 시원스러운 어조로 말했다.

"혹시 상황이 어떻게 될지 몰라 이번 주는 계속 휴가를 내두어서 출근은 다음 주 월요일부터 할 예정이에요. 루이 씨에게는 여러모로 폐를 많이 끼쳤네요."

그리고 나서 유리와 루이는 잠시 전화로 상황을 공유하고, 보류된 안건이나 미국 본사에 확인해야 할 사항을 점검했다. 물론 현재 담당자인 아가씨도 아는 내용이었지만, 유리에게도 공유해 아가씨에게 다시 한 번 확인하도록 했다. 이렇게 하기만 해도 놀라울 정도로 일이 잘 진행되었던 것이다.

일 이야기가 마무리되자 유리가 느닷없이 다른 이야기를 꺼냈다.

"그런데 루이 씨, 실은 저, 루이 씨와 개인적으로 만나고 싶어요. 시간 괜찮으시면 이번 주말에 만나지 않을래요? 아들이 입원하는 바람에 본의 아니게 신세를 져서 감사 인사도

드릴 겸해서요."

"우와, 꼭이요! 저도 유리 씨하고 느긋하게 이야기 나누고 싶어요."

루이의 대답은 진심이었다.

그리고 유리의 아이가 아들이라는 사실도 알았다. 루이는 어딘지 신비로운 유리의 사생활을 알 수 있다는 생각에 마음이 들떴다.

새로운 친구,
새로운 시선

주말에 나는 남자아이들이 좋아할 만한 직소 퍼즐을 사들고 유리의 집에서 가까운 지하철역에서 내려 역 위쪽으로 이어지는 주택가로 향했다. 유리의 네 살짜리 아들은 뭘 좋아할까? 나는 전혀 짐작이 가지 않아서 일단 들어본 적이 있는 애니메이션 캐릭터가 그려진 퍼즐을 골랐다.

루이를 마중 나온 유리는 일할 때와는 조금 다른, 부드러운 미소를 띠고 있었다. 유리의 다리 옆에는 한눈에 봐도 장난꾸러기 같은 남자아이가 커다란 배낭을 등에 메고 서 있었다.

나는 유리와 인사를 나눈 뒤 쭈그리고 앉아서 아이에게 말을
걸었다.

"안녕! 건강해 보이네? 다 나아서 다행이다."

그러자 아이는 부끄러운 듯이 살짝 고개를 끄덕이더니 유리
를 보며 말했다.

"이제 가도 돼요?"

오늘은 어린이집 친구네 아빠가 가까운 공원에서 여는 바비
큐 파티에 아이를 데리고 가기로 약속이 되어 있다고 했다.

"저 싱글맘이에요. 그래서 이런 기회를 만들어주는 친구가 있
어서 얼마나 좋은지 몰라요."

유리의 아들 유타는 "아저씨 말씀 잘 들어야 해" 하는 유리의
말을 배웅 삼아 길 건너편에 세워진 자동차 쪽으로 달려갔다. 그
곳에는 유타 또래의 아이 두 명과 아이들의 아빠로 보이는 남성
이 기다리고 있었다.

우리는 그 차가 출발하는 것을 지켜보고 나서 유리가 사는 아
파트로 향했다.

유리의 집은 어린 남자아이가 있다고는 생각되지 않을 정도
로 물건이 적고 깔끔했다. 인테리어는 베이지 톤으로 통일되어

있었고 에시클 패션을 좋아하는 유리의 취향이 고스란히 드러나 차분한 분위기였다.

"깔끔하게 꾸며놓으셨네요."

무심결에 입 밖으로 감상이 튀어나왔다.

"그야 오늘은 아침 일찍부터 열심히 치웠으니까요. 평소엔 유타 장난감으로 엉망이라 정신없어요."

유리는 미소를 지으며 향기로운 홍차를 내왔다.

짐작한 대로 유리는 나와 동갑이었다.

혼자 아들을 키우고 있어서 매일 아침 어린이집에 아이를 데려다주고 출근했다가 저녁에 가서 데리고 온다고 했다. 저녁식사와 목욕을 마치고 아이를 재우고 나면 거실에서 컴퓨터를 켜고 일을 마저 한다고 한다.

"저희 회사 본사는 미국에 있으니까요. 시차를 생각하면 밤중에 집에서 조용히 일하는 것도 나쁘지 않아요."

그렇다고는 해도 아이를 돌봐주지 못할 정도로 바쁠 때가 있을 것이다. 대체 유리는 잠을 제대로 자기는 할까?

그런 내 물음에 유리가 대답했다.

"괜찮아요. 어린이집에 함께 다니는 친구 엄마들이 도와주기도 하고요. 이 아파트에 사는 이웃들도 제 상황을 이해하고 가끔 아이를 봐주거든요. 신세를 많이 지고 있죠."

"아, 이 동네는 아이 키우기도 좋고 따뜻하네요. 멋져요."

내 말에 "괜찮으면 우리 말 놓을까요?" 하고 말을 받은 유리는 천천히 홍차를 음미하더니 내 얼굴을 보며 말했다.

"루이 씨는 좀 특이해요. 아이를 맡기고 일을 한다고 하면 대개 '할머니는 근처에 안 사세요?'라든가 '다른 사람 말고 할머니에게 맡기는 게 좋지 않아?' 하고 묻던데, 그런 말은 한마디도 하지 않네."

유리의 말에 나는 당황했다.

아직 잘 모르는 유리의 상황을 배려한 것도 아니고, 말하면 안 될 것 같아서 부모님 이야기를 일부러 피한 것도 아니었다. 그저 내 마음속에는 일을 하면서 아이를 키우려면 부모에게 당연히 의지해야 한다는 생각이 원래부터 없었던 것뿐이다.

나는 느릿느릿 변명을 늘어놓기 시작했다.

"아니, 그저 별로, 부모는 부모고, 육아에 도움을 주기 어려운 상황도 있고, 처음부터 아이를 좋아하지 않을지도 모르니까……."

우리 엄마는 아이를 싫어한다고 전혀 거리낌 없이 말하는 사람이다. 그런 엄마가 나중에 내 육아에까지 참견하지 않았으면 좋겠다는 생각이 마음속 어딘가에 있다는 것을, 나는 필사적으로 숨기고 있었다.

말없이 나를 바라보던 유리는 느닷없이 자신의 이야기를 꺼내놓았다.

집을 뛰쳐나와도
괜찮다

유리는 지금 살고 있는 도시에서 얼마 떨어지지 않은 곳에서 태어났다고 한다. 부모님은 지금도 그곳에 살고 계셔서 연말연시나 여름휴가 때는 얼굴을 보여드리러 아이를 데리고 당일치기로 다녀온다고 한다.

"더 자주 오라든가 함께 살자고 하시지는 않아?"

나는 유리에게 물었다. 만일 내가 유리와 같은 상황이었다면 부모님, 특히 엄마는 나와 손자를 자신의 눈길이 닿는 범위 안에 두려고 했을 것이다.

그런 의문에 유리는 관계없다는 듯이 대답했다.

"뭐, 어쩌면 부모님은 그렇게 생각하실지도 모르지. 하지만 나는 그분들에게서 벗어나 완전히 독립한 몸이니까. 이제 와서 친정으로 돌아갈 마음은 눈곱만큼도 없고, 부모님도 내게는 어지간히 질렸는지 거의 간섭하지 않아."

유리의 입에서 독립이라는 말을 들은 나는 문득 10대 무렵의 냉랭하고 메말랐던 내 감정이 떠올랐다. 엄마의 과도한 간섭에 시달리다 정신적으로 몹시 지쳤던 그때, 마음을 자유롭게 풀어주던 유일한 피난처는 바로 책이었다. 그중에서도 나는 주인공이 가출을 감행하는 소설을 좋아해서 소설 속 주인공에게 나를 이입하고 마음속에 쌓인 울분을 풀곤 했다. 하지만 내게는 실제로 집을 나갈 용기는 없었다. 부모에게 속박당하는 인생을 한탄하면서도 그곳에서 빠져나갈 수 없는 운명이라고 단정 지었던 것이다.

"독립이라니……."

무심코 튀어나온 내 말을 들은 유리는 살짝 웃더니 이야기를 이어나갔다.

"우리 엄마는 내가 어렸을 때부터 간섭이 심해서 이건 안 돼, 저것도 안 돼, 이래라저래라 잔소리가 끝이 없었어. 아버지는 지나칠 정도로 간섭하는 엄마를 말려주지도 않으셨고. 지금 생각하면 엄마는 나를 손이 가지 않는 반려견 같은 존재로 키우고 싶었던가 봐. 결국 나는 엄마의 애정이라는 필터를 거친 정신적인 학대에 줄곧 노출되어 있었던 거야."

"정신적인 학대⋯⋯."

유리의 말을 듣자 나는 심장이 덜컥 내려앉는 느낌이 들었다. 부모의 과도한 간섭은 자식에 대한 학대나 마찬가지라는 말은 나도 익히 들어 잘 알고 있었다. 하지만 그간 엄마가 나에게 한 행동에 '학대'라는 말을 붙이기는 망설여졌다. 그런데 유리는 그 강렬한 두 글자를 자신의 엄마에게 선뜻 사용하고 있었다.

유리는 이야기를 계속했다.

"하지만 말이야, 난 엄마 생각대로 되고 싶지 않았어. 그래서 스무 살 때 집을 나온 거야."

유리의 이야기는 내 상상을 훨씬 넘어섰다. 유리는 스무 살이 되던 해 생일을 기다려 여권을 신청하고 몰래 저금해두었던 돈을 몽땅 찾아서 뉴욕으로 날아갔다고 한다. 그리고 어학원에 다니면서 혼자 생활할 기반을 마련해나갔다고 한다.

물론 모든 일이 순조롭진 않았다.

"일을 시작하고 나서 결혼도 했지만 결국 이혼하게 됐지. 아이를 데리고 귀국한 건 3년 전이야. 그 후 부모님과는 그럭저럭 좋지도 나쁘지도 않은 사이로 지내고 있어. 부모님은 지금도 남동생과 함께 살고 있으니 내가 돌연변이나 괴물로 보이겠지."

그렇게 말한 후 잔에 남아 있는 홍차를 홀짝 마시는 유리의 옆얼굴을, 나는 놀라서 바라보았다.

나를 위로하는 사람과
장소는 따로 있다

잠시 후 내 시선을 느낀 유리는 작은 소리로 웃으며 물었다.

"놀랐나 봐?"

아무 말도 못한 채 고개를 끄덕이는 나를 재미있다는 듯이 바라보던 유리는 찻잔을 테이블로 가져가면서 말했다.

"나는 어렸을 때부터 계속 엄마에게 불평만 듣고 자라서 본래의 내 존재도, 인격도 인정받은 적이 없었거든. 하지만 언제부터인가 이렇게 생각하기 시작했어. 부모에게 인정받으려고 자신을 억누르지 말고 나를 인정해주는 사람과 장소를 찾으면 된다고 말이야. 그래서 스무 살이 되면 집을 나가기로 마음먹었던 거지."

유리의 말에 나는 귀가 번쩍 뜨였다. 부모님이 인정해주지 않는다면 스스로 인정해주는 사람과 장소를 찾으면 된다니 얼마나 멋진 발상의 전환이란 말인가!

나는 왜 유리처럼 생각해보지 못했을까? 나는 그제야 나 역시도 엄마의 간섭 때문에 고민하고 있으며 어른이 된 지금까지도 내 본래의 모습을 인정받지 못해 괴롭다는 얘길 털어놓았다. 유리와는 아직 내 속의 치부를 드러낼 만큼 가까운 사이가 아니라는 생각도 들었지만 그보다도 나와 같은 생각을 품고 살아온 유리가 언제, 왜 부모에게 인정받기를 포기했는지 알고 싶은 욕구가 더 컸다.

"자신을 인정해줄 사람과 장소를 찾으면 된다고 생각하게 된 계기가 있었어?"

나는 주뼛주뼛 유리에게 물어보았다.

유리는 잠시 창밖으로 눈을 돌려 하늘을 덮듯이 둘러쳐진 전선을 바라보았다. 그러고는 내 얼굴을 향해 시선을 옮기더니 천천히 이야기를 시작했다.

"중학교 때 같은 반 친구들에게 괴롭힘을 당했었어. 지금 생각해보면 어른들 눈치만 보며 살았으니 또래 친구들이 보기엔 상당히 우울한 존재였겠구나 싶어. 하지만 따돌림을 당하던 때도 다른 반에는 친한 친구들이 있었어. 그 애들과 같이 있을 때는 정말 마음이 편했거든. 내가 편안한 상태로 있어도 나를 있는 그대로 인정해주는 사람과 장소가 있다는 사실을 그때 깨달았어. 부모님과 반 친구들이 나를 인정해주지 않아도 다른 반 친구들은 나를 받아들여 준다는 생각만으로도 정말 마음이 편안해졌거든."

집에서는 어른들이 좋아하는 착한 아이를 연기하고 학교에서는 친구들에게 따돌림을 당한다. 하지만 몇몇 친구들 앞에서는 있는 그대로의 모습으로 행동하고, 그런 자신을 친구들은 평범한 존재로 대해준다. 그때 유리는 자신감을 얻었던 것이다.

"그래서 집이 안 되면 학교, 학교가 안 되면 그 밖의 세계, 이런 식으로 넓혀나가면 어딘가에 나를 인정해주는 사람과 장소가 반드시 있을 거라고 믿을 수 있었는지도 몰라."

자신을 인정해주는 사람과 장소를 찾으면 된다. 유리의 말을 머릿속에 되풀이하던 나는, 순간 사키를 떠올렸다. 그러고 보니 사키도 예전에 비슷한 말을 한 적이 있었다.

나는 유리에게 사키의 이야기를 해주었다.

"실은 우리처럼 엄마가 너무 심하게 간섭해서 힘들어하고 엄마에게 인정받지 못했다는 사실 때문에 고민하는 친구가 있어. 그 친구는 결혼을 하고 나서 남편이 있는 그대로 자신을 인정해줘서 마음이 안정됐다고 하더라고. 그 이야기를 들었을 때, 나는 엄마조차도 나를 인정해주지 않는데 생판 남이 나를 인정해줄 리 없다고 생각했어. 하지만 유리 씨 생각도 내 친구와 같네. 어딘가

에 반드시 나를 인정해주는 사람이 있다고 믿는다니, 정말 긍정
적인 사고방식이야."

나는 마음속에서 떨쳐버릴 수 없던 응어리가 단번에 풀리는
기분이었다. 한편으로는 나를 있는 그대로 받아들여 주는 사람
을 앞으로 만날 수 있을까 하는 불안이 마음 한 구석을 스쳐 지나
갔다.

내 안에서
찾은 정답

유리는 약간 미묘한 표정으로 미소를 짓더니 테이블에서 일어나
부엌으로 갔다.

"벌써 점심 먹을 시간이네. 같이 먹으려고 간단하게 준비했
어. 테이블로 좀 옮겨줄래? 오늘처럼 더운 날에는 로제와인이 맛
있거든."

유리는 냉장고에서 아주 차가운 로제와인을 잽싸게 꺼내 카
운터 너머로 건네주었다. 그러고 나서 미리 만들어둔 냉채를 담
은 접시도 꺼내왔다.

유리의 집에 있는 식기는 서양요리에도 잘 어울리는 일본풍

식기였다. 전부 고급스러워서 한창 장난칠 나이의 남자아이가 있는 가정에서 사용할 만해 보이지 않았다. 그렇게 말하자 유리는 부끄러운 듯이 웃으며 말했다.

"그래서 한 개밖에 남지 않은 접시나 살짝 금이 간 그릇이 많아. 도자기나 유리는 조심스럽게 다루지 않으면 깨진다는 걸 유타는 몇 살이나 되어야 알려나?"

유리는 말을 하면서도 손을 멈추지 않은 채 오븐 스위치를 누르고 바게트를 잘랐다.

잠시 후 오븐에서 고기 익는 맛있는 냄새가 피어올랐다. 유리와 나는 테이블에 앉아 와인잔을 들어 건배했다.

"아! 맛있어."

만족스러운 맛에 무심결에 튀어나온 내 말에 유리는 다시 방긋 웃음을 지었다. 그리고 샐러드 맛을 확인이라도 하듯 한입 먹고 나서 와인잔을 들어 올리며 말했다.

"그런데 아까 '나를 인정해주는 사람이 있다'는 얘기 말인데."

"응."

나는 유리 쪽으로 시선을 돌렸다.

"그대로 전부 인정해주길 바라는 마음은 결국 타인에게 기대는 거니까, 단지 의존일 뿐이야."

유리는 나를 와인잔 너머로 바라보면서 확실히 잘라 말했다.

유리가 말한 '단지 의존일 뿐'이라는 말이 머릿속을 맴돌았다. 나는 무심코 유리의 얼굴을 똑바로 지그시 바라보았다. 유리는 입을 댄 와인잔을 테이블에 내려놓더니 '뭔가 잘못 말했나?' 하는 표정으로 다시 내 얼굴을 쳐다보았다.

"그건 결국…… 인정해주는 사람이나 장소를 찾을 수는 있지만 그것에만 지나치게 의지하면 안 된다는 뜻?"

조심스럽게 묻는 내게 유리는 가만히 고개를 끄덕였다. 그리고 천천히 일어나 부엌 쪽으로 가더니 오븐을 들여다보며 그 자리에서 말을 꺼냈다.

"루이 씨 친구처럼 남편이 있는 그대로 자신을 인정해주면 엄청나게 행복할 거야. 하지만 그건 결국 다른 사람에게 의존하는 거라고 생각해. 부모에게 인정받지 못한 자신을 인정해준 남편이라는 존재에 기대고 있을 뿐이지."

나는 아무 말 없이 유리의 다음 말을 기다렸다. 어쩐지 유리가 무엇을 말하려고 하는지 알 것 같았다.

유리는 잠시 오븐 상태를 지켜본 뒤 혼잣말처럼 말했다.

"결국 자신이 가장 중요하지 않을까. 스스로 자신을 인정하고 자신감을 가져야 해. 우리처럼 자라온 사람은 부모가 나에게 한 것과 똑같이, 아니 어쩌면 필요 이상으로 자신에게서 결점만 들춰내 지적하는 경향이 있잖아. 그 버릇을 고치지 않는 한 결국은 가까운 타인에게 '나 그대로를 전부 인정해줘', '나는 쓸모없는 사람이 아니라고 말해줘' 하고 강요하게 되고 상대방이 견디지 못하면 도망가는 거지."

유리는 자신의 이야기를 하고 있는 것일까? 어쩌면 유리가 싱글맘이 되어 귀국한 것도 남편에 대한 의존이 원인이었을까? 나는 그녀의 이야기를 더 듣고 싶었다.

스스로를 괴롭히지 않는
거리 찾기

우리는 놀다 지친 유타가 돌아온 저녁때까지 이야기에 푹 빠져 있었다.

유리의 고백에 따르면 유리는 미국으로 건너가 혼자 힘으로 생활하게 되었어도 자신감이 생기지 않았다고 한다.

"미국에서 취직까지 하고 멋진 커리어 우먼이 되었는데도 자신감이 생기지 않다니, 믿을 수가 없는데."

나도 모르게 중얼거리자 유리는 가만히 고개를 옆으로 저었다.

"만약 그렇게 생각해준다면 그건 전남편 덕분이야. 부모님에게 '집을 나가서 살더라도 가끔은 연락해서 걱정 끼치지 않는 게 자식의 의무 아니니?' 같은 불쾌한 말을 들어도 난 그저 '심한 말을 해도 부모인데 어쩌겠어!' 하고 스스로 타이르며 이해하려고 했거든. 그런 내게 그 사람은 '당신 마음이 괴로운데 왜 부모님 생각을 그대로 받아들여야 해?' 하고 묻더라고."

나는 유리의 옆얼굴을 바라보았다. 반듯한 이목구비에서는 올곧은 의지가 느껴졌다.

하지만 나는 유리의 전남편이 한 말이 잘 이해가 가지 않았다. 분명 맞는 말이지만 부모와의 관계는 그리 쉽게 딱 잘라 말할 수 없었다. 나는 반론했다.

"그래도 돈을 들여가며 정성껏 키워준 은혜를 생각하면 부모님을 함부로 거스를 수 없잖아."

아무리 쓰라린 기억을 주었다고 해도 엄마와 딸이라는 관계에 하극상은 지나친 것 아닐까? 내 말에 유리도 고개를 끄덕였다.

잠시 침묵이 흐른 뒤, "하지만 말이야" 하고 유리는 한층 더 큰 목소리로 말을 꺼냈다.

"전남편은 '상대가 부모라 해도 싫은 건 싫다고 말해야 해. 말하지 못하는 건 당신에게 자신감이 없기 때문이야'라고 말해주었어. 당시의 나는 부모님에게서 벗어나고 싶어서 집까지 나왔으면서도 마음은 완전히 자립하지 못했어. 내 행동에 100퍼센트 자신이 없었던 거지."

나는 유리의 말을 알 듯 모를 듯 복잡한 마음이 들었다.

분명히 흔들리지 않고 스스로 자신감 있게 행동하는 사람은 있다. 유리의 후배인 아가씨도 그렇고 우리 엄마도 마찬가지다. 그녀들이 어쩌면 그렇게 자신만만하게 말할 수 있는지, 나로서는 전혀 이해할 수가 없었다. 게다가 결국 그런 태도를 보이는 사람에게 휘둘리다 보면 진이 빠지고 만다.

나는 취기를 빌려 아가씨에 대해 기탄없이 말하기 시작했다. 가만히 듣던 유리는 쓴웃음을 지으며 말했다.

"뭐랄까, 그 아이는 자신만만한 데 비해 행동이 따라주질 못하는 게 약간 흠이야. 이번에 잘 일러둘 테니까 잘 좀 봐주세요."

고개를 약간 숙인 유리는 표정을 다잡고는 내게 말했다.

"그 아이는 사회인으로서 필요한 양보라든지 교섭을 전혀 할 줄 모르잖아? 모든 일을 흑 아니면 백으로밖에 생각하지 못하는 미숙한 구석이 있지. 하지만 나 역시 부모와의 거리를 흑 아니면 백으로 판단한다고 생각하지 않아?"

유리는 한 번 입술을 꽉 다물고 나서 이번에는 혼잣말처럼 중얼거렸다.

"부모님에게 인정받고 싶었던 때는 무조건 내가 바라는 대로 해주길 원했어. 하지만 그건 무리라는 걸 깨닫고 집을 나올 당시에는 부모님을 버리는 것이 최선이라고밖에 생각하지 못했거든."

그런 유리의 표정을 보고 나는 무언가 중요한 것을 깨달은 기분이 들었다.

"어쩌면 나도 부모님과 연을 끊고 버리든지, 내 모든 것을 인정받든지 둘 중 하나라고 생각했는지도 모르겠어. 그래서 괴로웠지. 하지만 유리 씨처럼 부모가 인정하든지 부정하든지 간에 자신에게 가장 적당한 거리를 유지하면 되는 게 아닐까?"

"맞아. 그리고 적당한 거리를 유지하면서 상대방과 타협하고 양보하기 위해서는 자신이 강해져야 해. '내 마음이 너덜너덜해지더라도 부모님이니까 효를 다해야 한다'고 생각하기보다 내 마음이 산산이 부서진 이유는 내 잘못이 아니라고 인정하고, 부모님이 무슨 말을 하든 마음이 흐트러지지 않는 범위에서 관계를 유지하면 되는 거야. 그것이 스스로 자신감을 갖는 일이 아닐까."

그렇게 말한 유리는 피곤해서 무릎 위에 누워 잠든 아들의 머리를 쓰다듬으며 장난꾸러기처럼 속삭였다.

"전남편은 그걸 가르쳐준 고마운 사람인데 왜 헤어졌는지 알고 싶어?"

"응. 알고 싶어, 알고 싶어!"

"좋았어. 방에 유타 눕히고 올 테니까 잠깐만 기다리고 있어."

유리는 아이를 안고 옆방으로 갔다. 테이블을 흘낏 보니 와인 병은 거의 비어 있었다.

여자 둘만의 자리는 끝나려면 아직도 먼 듯하다.

작은 반항으로 엄마와의
거리를 조정하라

루이의 거래처 담당자이자 친구가 된 유리. 그녀에게는 엄마의
속박에서 도망쳤던 과거가 있습니다.

엄마에게 몸과 마음이 묶인 상태로 살기 힘들어지면 딸은
그 반작용으로 엄마와 관계를 끊으려 생각하기 쉽습니다. 하지
만 엄마에게서 벗어나기 위해 관계를 완전히 끊는 것만이 정답
은 아닙니다. 유리도 물리적인 거리는 확실하게 멀어졌지만 정
신적인 거리를 두는 방법을 몰라 고민하며, 자주 연락해야 한
다는 강박관념에 자신의 감정을 소모하고 있습니다. 절연은 육
체적인 폭력을 동반하는 부모 자식이나 부부관계에서 도망치

는 데는 유효한 수단이지만 문제를 근본적으로 해결해주지는 않기 때문입니다.

부모 자식의 인연을 중요시하는 동양 문화권에서 엄마와 딸이 완전히 인연을 끊기란 말처럼 쉽지 않습니다. 부모가 병에 걸리거나 수술을 받게 되면 반드시 자식에게 연락이 오고 아버지가 먼저 세상을 떠나 어머니 혼자 남게 되면 책임감은 더욱 커집니다. 먼 외국으로 가 있다 하더라도 여전히 자국에 연고를 두고 있다면 상황은 마찬가지입니다.

그렇다면 현실적인 대처법은 무엇일까요?

엄마와 일상적으로 접촉하는 선에서 적절한 거리를 두고 자신의 에너지를 빼앗기지 않도록 하면 됩니다. 그러기 위해서는 챕터 2에서 설명한 것처럼 '엄마의 간섭에서 자신을 지키기 위한 벽'을 만드는 일이 중요합니다.

엄마에게 속박되어 반발심을 느끼는 딸은 자신을 보호하기 위해 엄마를 멀리 경계하는 것처럼 보이지만, 실은 그 반대입니다. 엄마의 기분을 살펴 행동을 미리 예측하려다 보니 신경이 온통 엄마에게로 쏠립니다. 엄마의 입장에서는 딸이 항상 자신을 생각해주기만 한다면 그것만으로도 마음이 놓입니다.

사실 엄마는 딸의 무관심을 가장 두려워합니다. 딸의 관심을 감지하는 엄마의 센서는 동물적이라고 할 만큼 정확해서 불안이나 분노, 숨기고 있는 일 같은 딸의 감정과 상황을 희한하게 잘 꿰뚫어봅니다. 딸의 사소한 행동이나 표정 하나로도 알아차릴 정도입니다. 딸의 입장에서 엄마의 이런 태도는 자신의 울타리 안으로 아무 때나 쑥 들어와 헤집고 지나가는 그런 느낌입니다.

하지만 과연 그럴까요. 애초에 엄마에게는 딸에게 울타리가 있다는 인식조차 없는 경우가 많습니다. 애지중지하며 키운 딸은 곧 자기 자신이고, 딸의 영역은 자신의 영역이기 때문입니다. 아무리 설명해도 그 기본은 변하지 않습니다. 엄마는 자신을 딸의 행복이 무엇인지 정확히 알고 있는 사람이라고 생각합니다.

그러나 딸의 입장에서 자기 영역의 주도권을 쥔 사람은 엄마가 아니라 어디까지나 자신입니다. 딸은 자신을 엄마에게 종속된 사람이 아닌 독립된 인간으로 인식합니다. 자신과 엄마의 영역이 다르므로 경계를 지켜주길 바라게 됩니다.

결국 엄마와 딸 사이에는 양립할 수 없는 사고가 충돌합니다. 이는 단순히 기분이나 감정의 문제가 아닙니다. 기본적인 사고관의 문제입니다.

대부분의 딸은 엄마가 인식하는 방식에 따라 살아온 세월이 길기 마련입니다. 그렇게 순종해야 엄마와 충돌하지 않고 모든 일이 원만하게 지나간다는 사실을 너무나도 잘 알기에 의견을 주장하지 않고 참아왔습니다. 하지만 그때 양보하면 엄마는 한층 더 거침없이 밀고 들어오게 됩니다.

매 주말마다 엄마와 함께 지내야 할까, 엄마에게 걸려온 부재중 전화가 있으면 꼭 다시 걸어야만 할까 하는 점을 다시 한 번 생각해봅시다. 그러한 기준을 계속 지킨다면 딸의 울타리나 영역을 자신의 것으로 여기는 엄마의 불합리한 사고를 계속해서 받아들이는 것과 같다고 생각해야 합니다.

엄마에게 속박을 당해온 사람에게 처음으로 "아니요"라고 대답하는 일은 큰 모험입니다. 말하자마자 죄책감에 시달릴지도 모릅니다. 하지만 엄마와의 거리를 다시 조정하고 싶다면 작은 일에서부터 "아니요"를 반복해 자신의 울타리에 경계선을 확실히 그어야 합니다. 물론 그렇게 하면 당장은 엄마가 더욱 심하게 침입하거나 공격할 수 있습니다. 어쩌면 "앞으로 살날이 그리 길지 않다"거나 "얼마 전에 넘어져서 다쳤다"거나 "심장 부정맥이 낫질 않는다"고 하면서 눈물 작전이나 꾀병 작전으로 나올지도 모릅니다. 이러한 엄마의 작전에 동요하지 말고 침착하게 대처해야 합니다. 경계를 늦추지 말고 벽을 단단히 구축해나가는 작업이 필요합니다.

그럼에도 엄마는 딸을 포기하려 하지 않습니다. 엄마들은 '딸이 틀렸고 내가 옳다'고 생각하기 때문에 기가 꺾일 리도 없습니다. 자신이 정의라고 믿고 자신만만한 태도로 '언제부터 그렇게 변했니?', '어떻게 엄마한테 그런 말을 할 수 있지?' 하면서 경계의 벽을 무너뜨리려 들 것입니다. 하지만 딸은 어떻게 해서든 자신의 영역을 지켜야만 합니다.

자신의 울타리를 지키는 방법에는 다음과 같은 세 가지가 있습니다.

1. 대화를 리드하는 습관을 들인다

엄마에게 논리는 통하지 않습니다. 논리를 정확히 전달하려고 해도 소용없습니다. 그러니 우선은 엄마의 이야기를 듣는 것이 중요합니다. 엄마가 이야기에 한창 몰두해 있을 때는 끼어들지 말고 가만히 듣는 것이 좋습니다. 하지만 내용을 정확히 파악할 필요는 없습니다. 적당히 맞장구를 치면서 듣고 있다는 티를 낸다면 내용은 흘려들어도 상관없습니다.

엄마가 이야기하는 데 약간 지쳤을 때라든지 적당한 순간을 틈타서 이렇게 말해봅시다.

"엄마는 그렇게 생각하고 계셨군요. 그런데 저는 이렇게 생각해요."

이 말에 다시 엄마가 반격하려고 하면 곧바로 막아서며 "이제 자야 할 시간이에요", "내일은 일찍 나가야 하니까 이만 끊을게요" 하고 단호하게 말해야 합니다. 굳이 엄마에게 양해를 구하고 나서 행동할 필요는 없습니다. 뭐든지 엄마를 설득해서 동의를 얻은 후에 결정하는 딸도 많지만 그렇게 하다가는 결국 논리가 통하지 않는 엄마의 뜻대로 흘러가게 되고 자신은 계속해서 지치게 됩니다. 엄마가 동의해야만 한다는 생각을 버리십시오. "내 생각은 이러니까 이렇게 하고 싶어요" 하고 딱 부러지게 말하는 것은 조금도 잘못된 행동이 아닙니다. 10대라면 모를까 자신이 판단해서 결정하는 데 엄마가 동의할 필요는 없습니다.

2. 깍듯한 말투를 사용한다

대개 가족끼리는 말을 너무 편하게 하는 경우가 많습니다. '남도 아니고 가족인데 뭐 어때?' 하는 생각 때문입니다. 엄마와 거리를 두는 첫 번째 원칙은 말투부터 고치는 것입니다. 될 수 있는 한 깍듯한 말투로 대답하는 연습을 해보세요. 물론 "다녀왔습니다", "고마워요", "부탁해요" 같은 인사말도 빠뜨리지 않아야 합니다.

이렇게 예의를 차리는 딸을 보면 엄마는 다음과 같이 반응할 것입니다.

"대체 지금 뭐 하는 거니? 그렇게 어색하게 존댓말이나 쓰고 말이야!"

"왜 모르는 사람 대하듯 깍듯하게 말하는 거야?"

엄마가 그렇게 물어본다면 작전은 '성공'입니다. 목적이 달성된 것입니다.

엄마의 말에는 본질이 담겨 있습니다. 남한테 하듯 깍듯한 말투를 사용하면 거리감이 생깁니다. 엄마가 뭐라고 반응하든 지간에 감정적으로 나서지 말고 될 수 있는 한 깍듯한 말투로 대응하세요. 그렇게 해야 한 지붕 아래 살고 있더라도 최소한의 거리를 둘 수 있습니다.

3. 같은 경험을 하고 있는 동지와 대화한다

이 두 가지 사항을 혼자 실천하기에는 불안합니다. 정말 이렇게 해도 괜찮을까, 엄마가 상처를 받지는 않을까, 나는 정말 못된 딸이 아닐까. 이런 생각이 마음을 어지럽힐지도 모릅니다. 이때 가능하다면 자신처럼 엄마와의 관계로 고민하는 사람을 찾아서 서로 격려하는 것이 좋습니다. 앞서 살펴본 것처럼 루이에게 사키와 유리는 서로의 고민을 공유할 수 있는 동지입니다. 자신 말고도 엄마로 인해 힘들어하는 사람이 있다는 사실만으로도 마음이 든든해집니다.

엄마와 거리를 두는 데 가장 큰 걸림돌은 고립감입니다. 상담을 받으러 다니는 방법도 좋지만 책이나 웹사이트를 찾아보면서 같은 입장에 놓인 동지를 찾아 교류할 수 있다면 불안이 한층 줄어들 것입니다. 때로는 자신의 존재가 그 사람들에게 용기를 주기도 합니다. 도움을 받기만 하는 것이 아니라 줄 수도 있습니다. 이것이 바로 동지입니다.

언뜻 엄마를 매정하게 대하는 것 같지만 결코 그렇지 않습니다. 엄마는 고통받는 대신 딸과의 관계를 개선할 기회를 얻은 셈입니다. 모처럼 찾아온 기회를 살릴지 말지는 엄마에게 달려 있습니다. 분명 딸의 태도를 보고 반성해 스스로 거리를 두려는 엄마도 있을 것입니다.

이렇게 해서 엄마와 나 사이에 경계선이 뚜렷해질수록 점점 더 자신의 인생이라는 실감이 나게 됩니다. 지금까지는 엄마의 기대를 짊어지고 살아왔기 때문에 자신이 살고 있는지 아니면 엄마가 자신의 몸을 빌려 살고 있는지조차 불확실했던 사람들도 이제는 확실히 자립해 자신의 의지로 살아갈 수 있게 됩니다.

그러면 신기하게도 많은 일이 지금까지와는 달라집니다. 옷 취향이나 친구관계, 때로는 음식의 기호까지 달라지기도 합니다. 비로소 '아! 내가 사실은 이런 걸 좋아했구나!' 하고 깨닫게 됩니다.

그것은
당신의 잘못이
아니다

감정의 잔해

올 여름은 여느 해와는 사뭇 다르다.

매년 루이는 오봉(조상을 기리는 행사. 옛날에는 음력 7월 15일을 중심으로 한 기간에 행해졌지만 현재는 양력 8월 15일을 중심으로 나흘간 행하는 경우가 많다 — 옮긴이) 연휴를 피해 8월 초에 여름휴가를 내곤 했다. 하지만 올해는 그린그레이의 프로모션이 걸려 있어서 8월 10일로 예정된 리셉션이 끝날 때까지는 절대 긴장을 늦출 수 없었다. 시내 중심가에 위치한 큰 호텔에서 개최할 예정인 리셉션까지는 앞으로 일주일이 남았다. 루이는 프로모션 팀장으로 최종 마무리 점검 등 여러 가지 업무가 몰려 긴장감이 팽팽한 나날을 보내고 있었다.

……그렇게 되어야 했다.

아니, 틀림없이 바쁘기는 하다. 신경 써야 할 일이 연달아 일어나고 또 해결되어가는, 눈이 핑핑 돌 정도로 바쁜 날들 속에서 루이는 팀장으로서 업무를 성실하게 해나가고 있다. 팀원들의 보고를 듣고 하나씩 판단을 내려 결정하고 결재하는 일은 루이밖에 할 수 없는 업무다. 그런데 루이는 팀원들 사이에서 고립된 것 같은, 모두 모여 열광하는 자리에서 자신 혼자만 한발 떨어져 있는 것 같은 소외감에 괴로웠다.

"이 건 진행하고 있어?"

루이가 질문하면 팀원들은 믿음직스럽게 대답한다.

"물론 진행하고 있습니다. 문제없어요!"

"그럼 그쪽은 어때?"

"네, 걱정 마세요."

리더로서 팀에서 해야 할 일이 정체되지 않고 착착 진행되고 있다는 건 더없이 기쁜 일이다. 하지만 팀원들이 일을 잘하면 잘할수록 루이의 무력감은 점점 심해졌다.

'하레 에이전시 역사상 처음으로 맡은 패션업체 프로젝트!

이 프로젝트가 차질 없이 잘 되어가는 것은 팀장의 역량이 뛰어나서가 아니다. 나는 새로운 제안이나 창조적인 아이디어 하나 제대로 내지 못했다. 그저 경력과 나이가 더 많다는 이유로 여러 직원을 모아 일정을 책임지고 관리할 뿐이다.'

루이는 시간이 흘러가는데도 뭐 하나 제대로 이룬 것이 없다는 생각에 초조해졌다.

이대로 나는 어떻게 되는 걸까? 아무것도 이루지 못한 채 어중간한 존재로 남아버리진 않을까?

부정적인 사고에 사로잡히자 얼굴마저 점점 추해지는 듯한 기분이 들었다. 루이는 일부러 씩씩하게 자리에서 일어나 조금 이른 점심을 먹으러 가기로 했다. 남들 칭찬에도 후하고 분위기를 잘 맞추는 입사 동기, 하루를 불러내 약간 비싸고 맛있는 점심이라도 먹으러 가면 기분전환이 될 것 같았다.

곧장 하루의 자리로 다가가던 루이는 기분 탓인지 가라앉은 공기를 감지했다. 무슨 일인가 살펴보았더니 하루가 고개를 숙이고 있는 신입사원에게 무언가 잘 알아듣도록 타이르고 있는 듯했다.

"왜 저래? 무슨 일 있어?"

루이는 예전에 함께 팀을 짜 일한 적이 있는 후배에게 살며시 물어보았다.

"앗, 루이 선배!"

그녀가 작은 목소리로 루이에게 사건의 전말을 설명했다. 하루는 뭔가 신입사원이 실수로 고객의 기분을 상하게 한 일을 한창 처리하고 있는 모양이다.

"뒷일은 내가 어떻게든 수습할 테니까 걱정하지 마!"

갑자기 하루가 큰 목소리로 말했다. 그는 풀이 죽어 있는 신입사원의 어깨를 탁탁 두드렸다.

"어쨌든 신입사원인데 대단하네. 고객에게 직접 찾아가 부딪치려는 배짱이 멋있어! 이제 제대로 교섭하는 방법만 배우면 되겠네. 그건 내가 차차 가르쳐줄 테니까 일단 지금은 신경 쓰지 않아도 돼."

하루는 신입사원의 어깨와 등을 몇 번이나 툭툭 두드렸다. 그런 하루의 모습을 보고 있던 루이가 혼자 중얼거렸다.

"왠지 하루는 말이나 행동이 만화 같고 느끼하단 말야."

저도 모르게 입 밖으로 툭 나와버린 루이의 말을 들은 후배는 얼굴을 붉히며 웃음을 터뜨렸다.

그때서야 두 사람을 알아챈 하루는 루이의 모습을 보고 싱글벙글하며 다가왔다.

"어이, 루이! 오랜만이야. 한가한가 보지? 시간 괜찮으면 밥 먹으러 갈까?"

"한가한 건 아니지만 뭐, 좋아."

이렇게 대답하면서 루이는 하루가 먼저 점심을 먹자고 해 줘서 다행이라고 마음속으로 안도했다.

나는 제대로 하고 있는 걸까?

점심을 먹으러 간 곳은 우리 회사가 입주한 건물에서 역으로 가는 방향에 있는 서양음식점으로 꽤 인기 있는 가게였다. 가장 인기 있는 메뉴는 햄버그스테이크와 나폴리탄 스파게티에 음료수와 수제 푸딩까지 곁들여진 세트 메뉴다. 푸짐한 점심을 먹기 위해서는 딱 알맞은 곳이었다.

"나 오늘은 꼭 여기서 점심 먹고 싶었어."

단호하게 말하는 하루에게 이끌려 와서 보니 좀 이른 시각인데도 식당에 좌석이 거의 남아 있지 않았다.

주문을 마치자마자 하루가 이야기를 시작했다.

"근데 루이, 너 진짜 대단하다. 그 뭐야, 그런 뭐라는 브랜드 건 말이야. 걸리는 것 없이 잘 진행되고 있다면서?"

"그린그레이야."

나는 하루의 말을 살짝 수정하고는 그리 대단한 일이 아니라는 듯 컵을 들어 물을 마셨다.

"이야, 근사하네. 우리 기수의 자랑이야."

나에게는 언제 어디서든 이런 분위기로 타인을 칭찬하는 하루가 수수께끼 같은 존재였다. 그는 일을 하면서 실력이 부족하다고 한탄하거나 잘하지 못하는 자신을 자책한 적은 없을까?

"있잖아, 전부터 궁금했는데 말이지, 아까 네가 풀이 죽어 있는 신입사원에게 '자네 대단해!' 하고 칭찬했잖아? 그리고 내게도 항상 '대단하다'고 격려해주고 말이야. 그거, 왜 그런 거야?"

"왜 그러냐니, 정말로 대단하다고 생각하니까 대단하다고 말한 것뿐인데."

하루는 내가 질문한 의도를 잘 모르는 듯한 표정이었다.

나는 다시 한 번 말했다.

"너는 스스로에 대해서도 엄청 긍정적이잖아. 풀이 죽거나 자책하지도 않고 말이야. 고민이 없는 것 같아서 부러워."

"미묘하게 공격적이네. 무슨 일 있어?"

약간 가시가 있는 말이었는데 하루는 전혀 개의치 않았다. 그렇기는커녕 오히려 나에게 마음을 써주는 여유까지 보였다. 서글서글하니 입에 발린 소리나 하고 능글거릴 뿐인 남자라고 생각하던 동기 하루가 어쩐지 어른스럽게 느껴지자 나는 내심 조바심이 났다.

내가 다소 화려하고 눈에 띄는 안건을 맡아 일에 쫓기고 있는 동안 동기들은 모두 착실하게 성장하고 있다. 만일 그린그레이 프로젝트가 실패로 끝나기라도 하면 동기들에게 얕보이고 비웃음을 당하지는 않을까?

그런 초조함은 아무 소용도 없는, 그저 나쁜 망상이라는 걸 아주 잘 알면서도 왠지 부정적인 사고를 멈출 수가 없었다.

나에게도, 타인에게도
관대한 사람

햄버그스테이크와 나폴리탄 스파게티가 나오자마자 하루는 푸짐한 음식에 달려들었다. 그런 하루에게 나는 성공을 눈앞에 두고도 오히려 기분이 처지는 증상을 솔직하게 털어놓았다.

"팀원들이 일을 잘하면 잘할수록 리더는 지켜보는 것밖에 할 수 없잖아? 그게 쓸쓸하기도 하고 불안한 거야. 나만 소외된 느낌이 들어. 그렇게 이런저런 생각을 하다 보니 세상일이 이렇게 순조로울 리가 없는데, 뭔가 내가 모르는 무서운 함정이 도사리고 있어서 꼭 실패할 것 같은 생각까지 들어서 겁이 나더라고."

하루는 우물우물 입을 움직이면서 말했다.

"뭔지 잘 모르겠어. '꼭 실패할 것 같다'든가 '겁이 난다'는 마음을 잘 모르겠는데. 팀원들이 잘 해주면 그냥 솔직하게 기뻐하면 되잖아."

하긴, 분명 그렇긴 하다. 하지만 어릴 때부터 실패와 그에 따른 질책을 두려워하며 살아와서인지 모든 일이 하루처럼 쉽게 긍정적 사고로 바뀌질 않았다.

나는 하루에게 다시 물었다.

"아까도 물었지만 너는 어째서 그렇게 누구에게든 긍정적일 수가 있지?"

스파게티를 말아 올리려 성급하게 움직이던 하루의 포크가 순간 멈췄다. 곧이어 태평스러운 목소리가 내 귀에 닿았다.

"글쎄, 왜 그런지 잘 모르겠는데? 언제나 할 수 있다거나 대단하다는 말을 들으면서 자랐기 때문이려나? 하지만 그렇잖아. 누구나 대단한 점이 하나씩은 있으니까. 아까 그 신입사원만 해도 아직 제대로 된 자료도 못 만들면서 '저희 회사에서 만든 새로운 광고 패키지가 귀사에 딱 맞을 거라고 생각합니다!' 하고 고객에게 제안하러 갔었대. 어설프지만 열정이나 배짱이 대단하잖아?"

'아, 난 절대 아냐.'

나는 속으로 생각했다.

'만일 그런 대책 없는 신입사원이 내 부하직원이라면 아마 나까지 패닉 상태가 될 거야. 그리고 틀림없이 그런 신입을 내 밑으로 받게 된 불행을 저주하겠지.'

나와 하루의 대화는 처음부터 끝까지 서로 생각이 맞지 않은 채 끝났다.

내가 식욕이 없어 보여 걱정됐는지 하루는 자신의 디저트를 내 앞으로 내밀었지만 나는 필요 없다고 쌀쌀맞게 거절했다. 항상 긍정적인 하루도 이 순간만큼은 얼핏 표정이 어두워졌다.

조금 쓸쓸한
귀갓길

컴퓨터 모니터 귀퉁이에 표시된 시계는 저녁 7시를 가리키고 있었다. 오늘은 더 이상 회의도 없고 그린그레이의 유리와도 연락을 모두 마쳤다.

'슬슬 돌아가 볼까⋯⋯.'

아직 팀원 중 몇몇은 일을 정리하고 있었지만 내가 함께 남아 있다고 해서 별 도움이 되지는 않았다.

"오늘은 먼저 가볼게."

나는 후배의 등에 대고 가만히 말했다. 그는 뒤도 돌아보지 않은 채 "수고하셨어요" 하고 기계적으로 대답했다. 어쩐지 괜찮으니 이제 상관하지 말고 빨리 돌아가라는 말처럼 들렸다.

돌아가는 길에 낮에 이야기를 들어준 하루에게 고맙다는 말을 할까 하다가 그만두었다. 하루는 아까 그 신입사원이 저지른 일을 뒷수습하기 위해서 거래처에 갔을 터였다.

내 발걸음은 자연스럽게 집으로 향했다. 오늘은 곧장 집으로 들어가고 싶지 않은 기분이었지만 그렇다고 해서 딱히 들르고 싶은 곳도 없었다.

집에서 가장 가까운 역에 내리자 이제부터 놀러가는 사람과 돌아오는 사람이 반반 정도의 비율로 오가고 있었다. 여름휴가철이기도 해서 아이를 데리고 나온 사람도 많았다.

그때 스마트폰이 울리기 시작했다.

'뭔가 안 좋은 일이라도 생겼나?'

나의 뇌리에는 지금도 회사에서 일하고 있을 팀원들의 얼굴이 떠올랐다. 그들이 도움을 청하면 당장 회사로 돌아갈 수 있도록 조금 전 핸드백에 넣어두었던 전철 정기승차권을 더듬어 찾으며 스마트폰을 받았다. 하지만 전화를 걸어온 상대는 예측과 달리 팀원이 아니었다.

"여보세요!"

새침한 목소리로 전화를 걸어온 사람은 한동안 통화하지 못한 엄마였다.

서른셋 어른아이의
작디작은 반항

나는 한 달여, 엄마와 연락을 하지 못했다. 두 번 정도 전화가 걸려왔지만 받지 못하고 문자로 회신했을 뿐, 내가 전화를 걸지는 않았다.

예전 같으면 부재중 전화 표시를 보면 당장에 전화를 걸어야 한다는 초조함에 심장이 쫙 쪼그라드는 불쾌한 기분을 참으면서 휴대전화 버튼을 눌렀을 것이다. 하지만 나는 사키와 유리의 이야기를 듣고 난 후로는 굳이 내 쪽에서 전화를 걸지 않았다.

엄마에게 특별한 용건이 있어 보이지 않을 때는 문자로 간단히 연락할 뿐이었다. 엄마가 문자로 소통하는 것을 싫어한다는 사실은 잘 알고 있었지만 반대로 나는 엄마가 일방적으로 끝도 없이 이야기를 이어가는 통화가 너무 싫었다.

내가 가끔 싫은 건 싫다고 딱 잘라 말해도 벌이 내리지는 않는다. 상대가 아무리 엄마라고 한들 내 기분을 억누르면서까지 스트레스를 쌓아갈 필요는 전혀 없다.

그래도 내심 다시 전화를 걸지 않은 내 행동에 죄책감을 느끼고 줄곧 양심에 찔렸다. 엄마에게 쓸데없는 연락을 하지 않겠다고 마음먹은 약 한 달 동안 평정심을 잃은 엄마가 불쑥 집으로 쫓아오는 꿈을 꾸고는 밤중에 땀범벅이 되어 벌떡 일어난 적도 있었다.

이럴 바에야 내키지 않는 기분을 참고서라도 엄마에게 전화를 걸고 마는 쪽이 편하지 않을까 하는 생각까지 들었다. 하지만 이제 엄마의 안색을 살피기만 하는 인생은 더 이상 싫다. 앞으로는 내 등에 찰싹 달라붙어 있는 엄마에게서 떨어져 적당한 거리를 둘 것이다.

서른세 살이 되어서 일으킨 작디작은 반항이었다.

**대화는 언제나
잔소리로 끝난다**

"네, 루이입니다."

나는 길어질 통화에 대비해 각오를 단단히 하고 역 앞의 나무 정원 앞에 놓인 작은 벤치에 앉았다. 엄마가 어떠한 질책을 하거나 눈물로 호소해도 의연하게 대처하겠다고 마음을 다잡았다.

그런데 귓가에 들려온 엄마의 목소리는 예상을 빗나갔다.

"어머, 아직도 밖이니?"

"응, 그런데."

"그럼 됐어. 건강 잘 챙기고!"

"응?"

나는 뜻밖의 상황에 할 말을 잃었다. 문자밖에 하지 않는 딸에게 잔소리가 쏟아질 거라고 생각했는데 엄마의 말투는 무척 나긋나긋했고 딸을 조심스러워하는 분위기마저 풍겼다.

지금까지 엄마가 이런 반응을 보인 적은 거의 없었다. 당연히 불만이 터져 나오리라 예상하고 마음을 단단히 먹고 있던 나는 머쓱해졌다.

나는 엄마의 말투에 긴장이 풀려 무심코 먼저 "전화 못 걸어서 죄송해요" 하고 사과하고 싶어졌다.

엄마가 전화한 용건은 동네 빵집에서 러스크를 사서 보냈다는 것이었다. 예전에 프랑스 레스토랑에 갔을 때 얘기한 유명 제과점 출신이 꾸려나간다는 빵집을 말하는 모양이다.

"네가 좋아할 것 같아서."

그렇게 말하는 엄마는 러스크를 '먹다 남은 프랑스빵을 가공한 것 같다'고 했었다. 나도 원래 러스크를 별로 좋아하지 않는다. 어째서 엄마는 내가 러스크를 좋아할 거라고 생각했는지 참으로 생뚱맞다는 생각을 하면서도 일단은 고맙다고 말했다.

그러자 엄마는 우는소리를 시작했다.

"엄마 요즘 몸이 좀 안 좋아. 누군가와 이야기를 하면 기분이 나아질 텐데 아버지하고는 말도 안 통하고 말이야."

나는 맞장구를 치면서 역 앞을 오가는 사람들의 물결을 멍하니 바라보았다.

엄마의 말에 귀를 기울이고 기분을 맞춰주는 일은 결코 어렵지 않았다. 엄마는 단지 외로울 뿐이고 그런 엄마 곁에 있어주지 못해서 나 역시 정말로 미안했다.

하지만 엄마는 얼추 푸념이 끝나는가 싶으면, 역시나 태도를 바꿔 나를 공격한다. 딸이라면 으레 연락을 자주 해야 한다든가 네가 결혼하지 않아서 마음을 놓을 수 없어 괴롭다 또는 애초에 그렇게 바쁜 직업을 택하는 것 자체가 엄마 마음에는 들지 않았다는 등의 이유에서다. 엄마는 약한 소리를 해서 내가 미안한 마음이 드는 순간을 틈타 공격을 시작하는데 이럴 때 나는 정신적으로 가장 힘들었다.

끊임없이 오가는 사람들을 바라보면서 멍하니 생각했다.

이 중에도 엄마와의 거리감으로 괴로워하는 사람이 있을까? 반대로 엄마인 여성 중에 어떻게 해야 딸과 잘 지낼 수 있는지를 고민하는 사람은 있을까? 엄마가 왜 딸인 나를 속박하려고 하는지 도저히 이해할 수가 없었다. 하지만 행여 그런 말을 입 밖에 내기라도 하면 그만큼 나이를 먹고도 아이를 낳지 않으니 엄마 마음을 모른다고 한 소리 들을 게 뻔하다. 그래서 나는 입을 다문다.

될 수 있는 한 쓸데없는 말은 하지 않는다.

내가 밖이기도 해서 엄마와의 통화는 그런대로 짧게 끝났다. 의외로 오늘은 푸념에서 이어지는 공격이 전혀 없었다. 하지만 "건강 잘 챙겨라" 하고 마음 써주는 말로 끝나자 오히려 나는 불안해졌다.

내가 엄마에게 거리를 두어서 엄마에게 심경의 변화가 생긴 것일까? 아니면 엄마도 나이가 들면서 마음이 약해지신 탓일까? 어릴 때부터 엄마에게 불평과 잔소리만 들어온 나로서는 온화한 엄마를 마주하자 오히려 어떻게 대해야 좋을지 몰라 당황스러웠다.

분명 엄마는 나를 엄마 생각대로 조종하려는 사람이었다. 하지만 나는 육아 과정에서 방치되지도 폭력을 당하지도 않았다. 금전적으로도 불편한 것 하나 없이 키워주셨으니 오히려 은혜를 입은 셈이다.

석연치 않은 생각을 품은 채 집에 도착하니 우편함 속에 택배 기사가 부재중에 두고 간 배송 안내표가 있었다. 그 사이에 엄마가 보냈다는 러스크가 도착했던 것이다. 물품을 전달받기 위한 절차를 다시 밟아야 하고, 먹고 나면 고맙다는 인사를 하기 위해 엄마에게 연락해야 하는 수고를 생각하자 무척 성가신 기분이 들었다. 그런 한편으로 자신의 말을 귀담아 들어주지 않는 딸의 기색을 살피려고 일부러 선물까지 보내준 엄마를 생각하니, 처음으로 짠한 마음이 들었다.

눈앞의 상황을 피하기 위해
'죄송하다'고 하지 마라

엄마와의 관계로 괴로워하는 딸의 이야기를 들어보면 반드시라고 해도 좋을 정도로 자주 듣는 말이 '엄마가 약한 모습을 보일 때 심한 죄책감이 든다'는 이야기입니다. 딸이 어른이 되어갈수록 엄마는 나이 들기 마련입니다. 그 과정에서 엄마의 몸과 마음이 약해졌음을 느끼는 순간, 엄마를 쇠약하게 만든 사람은 자신이 아닐까 하고 자책감에 빠지는 딸이 많은 듯합니다.

설령 엄마가 '네가 ○○ 해주지 않아서'라며 약해진 심신을 딸의 탓으로 돌린다고 해서 그 말을 곧이들을 필요는 없습니다. 엄마는 자신이 한 말을 그대로 따라야 할 딸이 뜻밖에도 강하게 나오면 일부러 약한 모습을 보이며 상황을 살피기도 합니다. 그럴 때 엄마에게 쉽게 '죄송해요'라는 말을 해서는 안 됩니다. 엄마의 허약해진 심신은 흐르는 세월 탓이지 결코 딸인 당신의 탓이 아니기 때문입니다.

결국 엄마의 불편한 심기는 엄마의 문제이고 딸의 불편한 마음은 딸의 문제일 뿐, 그 누구의 탓도 아닙니다.

어릴 때부터 필요 이상으로 약점이나 결점을 지적받으며 자란 사람은 금세 "죄송해요" 하고 말하는 버릇이 있습니다. 사과하면 상황이 수습된다는 것을 무의식중에 배워서 자신을 지키는 요령으로 몸에 배었기 때문입니다.

사회생활을 하다 보면 비록 자신의 잘못은 아니더라도 그 자리에서 사과하는 편이 서로 깔끔하게 해결되는 일도 있습니다. 예를 들어 길을 걷다가 어깨를 부딪친 사람에게 죄송하다고 말하는 것은 세상을 원만히 살아가는 데 필요한 인사와도 같습니다.

하지만 생각해봅시다. 거래처 사람과 문제가 발생했다거나 고객에게 항의를 받은 경우 등 이후에도 계속 관계를 지속해야 할 중요한 상대에게 잘못하지 않은 일에 대해서 쉽게 사과해선 안 된다는 것이 일반적인 사고가 아닐까요. 자신의 잘못이 아 닌데도 조건반사적으로 사과하다가 오히려 심각한 다툼으로 발전하는 일은 헤아릴 수 없을 만큼 많습니다.

혹시 엄마가 여기저기 몸이 안 좋다고 호소하더라도 "엄마, 괜찮아? 몸이 안 좋으신가 봐요. 그럼 어떻게 하지? 항상 드시 는 약은 늘 갖고 다니는 거죠?"라고 대답해보세요. 이때 '엄마 몸이 좋지 않아서 걱정이지만 그 원인은 내가 아니야'라는 생 각을 명심하는 자세가 가장 중요합니다.

딸이 이렇게 의연한 태도를 취하면 비정하다고 말하는 사람 도 있습니다. 하지만 비정하게 군다고 해서 어머니를 저버린다 는 뜻은 아닙니다. 오히려 한 사람의 인간으로서 존중하고 있 다는 표현입니다. 딸로서 지켜보는 것 말고는 어쩔 수 없는 일 도 있기 때문입니다. 당장 그 자리를 피하기 위해 임시방편으 로 경솔한 사과를 하는 편이 훨씬 비정하지 않을까요.

엄마에게서 무뚝뚝하다고 질책을 듣는다면 마음속으로 '엄 마, 저는 다정다감한 딸이 아니에요' 하고 선언하세요. 이제 '다정다감한 딸'은 필요 없습니다. '상냥한 딸'은 벗어던지고 '행복한 사람'이 됩시다.

부정적인
감정에서
벗어나기

실
패
해
도
괜
찮
다

リセプ션이 열리는 8월 10일은 올여름 들어 전국적으로 가장 더운 날씨를 기록했다. 그 와중에 아침 일찍 모두 기다리고 기다리던 그린그레이의 아기용 턱받이를 부록으로 넣은 육아 잡지가 리셉션 회장에 도착했다.

"드디어 도착했어요."

커다란 카트에 실린 상자와 함께 회장으로 뛰어 들어온 사람은 유리를 대신해 업무를 맡았던 '아가씨'였다.

전날 밤에 반입이 예정되어 있던 잡지는 출판사에서 차질이 생긴 탓인지, 배송업자의 실수인지 제시간 내 회장에 도착하지 못했다. 이번 파티에서 가장 중요한 아이템이라고 해도 과언이 아닌 잡지 납품에 차질이 생긴다는 것은 도저히 용납할 수 없었다.

순간 루이와 유리는 얼굴이 창백해져서 그 자리에 선 채 꼼짝하지 못했다. 이때 곧바로 상황 파악에 나서 척척 지시를 내린 사람이 그 아가씨였다. 그녀는 물품이 어디에서 정체되어 있는지를 확인하고는 출판사에 남아 있던 견본 잡지와 프로모션을 할 목적으로 대형서점에 납품된 분량을 모아서 만일의 사태를 재빠르게 대비했다.

"시간 맞춰 도착해서 다행이네요. 어젯밤에는 정말 아찔했어요. 무사히 전량 확보되었으니 여기저기서 가져온 잡지는 서점으로 다시 돌려보내라고 조치할게요."

웃는 얼굴로 보고하는 아가씨의 이마에 송골송골 맺힌 땀이 반짝였다. 자신이 해야 할 역할조차 제대로 하려고 들지 않던 예전의 아가씨에게서는 상상도 하지 못할 모습이었다.

유리는 조금 떨어진 장소에서 루이를 발견했다. 시선을 느낀 루이가 얼굴을 들자 유리가 환하게 웃으며 아가씨를 눈빛으로 가리키더니 작은 승리의 포즈를 취했다.

리셉션은 대성공이었다. 초보 아기 엄마로서도 주목받고 있는 탤런트와 모델이 참가해주었고 여러 매스컴에서 리셉션을 취재하기 위해 모여들었다. 그중에서도 경제 뉴스를 전문으로 하는 텔레비전 프로그램에서는 리셉션 일정에 맞춰 본사에서 방문한 그린그레이 대표의 인터뷰를 진행해 그날 밤 방송에서 내보냈다.

유리의 말에 따르면, 리셉션 직후부터 그린그레이를 취재하고 싶다는 의뢰가 빗발치고 있다고 한다. 여성을 대상으로 한 미디어는 물론이고, 부모와 아기를 테마로 한 리셉션이었기 때문인지 예기치 않게 젊은 아빠를 타깃으로 하는 남성 대상 미디어에서도 취재 의뢰가 들어왔다고 한다.

물론 말도 많고 탈도 많았던 잡지 부록 아기용 턱받이도 호평을 받아 온라인 숍에서 한정 판매를 시작한 엄마용 숄과 아기 턱받이 세트는 날개 돋친 듯 팔려나갔다.

며칠 후 그린그레이를 방문한 루이에게 유리가 진지하게 말했다.

"루이 씨를 비롯해 하레 에이전시 분들이 최선을 다해주신 덕분에 일본 진출을 성공적으로 시작했어. 정말 고마워."

루이는 예의를 갖춰 머리를 숙인 유리의 모습에 당황해서 손을 내저었다.

"아니야, 무슨 말을. 유리 씨 쪽에서 열심히 해준 덕분이지, 나는 아무것도……."

루이는 진심으로 자신은 별로 한 게 없다고 생각했다. 상사에게 "루이 씨, 잘했어!" 하는 칭찬을 듣고 팀원들에게 "프로젝트 성공은 루이 팀장님 덕분이에요" 하고 감사의 인사를 들었는데도 어딘가 마음이 편치 않았다.

생각해보면 지금까지 루이가 담당해온 안건은 무조건 기뻐할 만큼의 결과를 내진 못했다. 성과를 내긴 했지만 까다로운 고객을 만족시키지 못했다거나, 고객은 만족했지만 팀의 분위기가 좋지 않았던 경험 등 반드시 어딘가 아쉬운 점이 남아 있었다. 루이는 늘 100점에 못 미치는 아쉬운 상태에 익숙했고 '역시 난 안 돼' 하며 스스로 자책하는 일이 다반사였다.

"내가 뭐, 한 게 있어야지."

그렇게 말하며 아래를 내려다보는 루이에게 유리가 말했다.

"난 그렇게 자존감 없는 사람과 친구가 되고 싶진 않은데."

놀라서 얼굴을 든 루이에게 유리는 딱 잘라 말했다.

"루이 씨, 그거 안 좋은 버릇이야. 자신에게 좀 더 자신감을 가져. 괜찮아. 루이 씨가 다소 자신감을 가져도 우리 아가씨 발밑에도 못 미치니까 말이야."

생각지도 못한 데서 '아가씨'라는 말을 들은 루이는 유리가 던진 '괜찮아'라는 말을 한 번 더 음미해본 뒤에 풋 하고 웃음을 터뜨렸다.

확실히 그렇다. 그 아가씨라면 리셉션 당일 아침, 잡지가 실린 상자를 자신의 손으로 회장에 운반해온 일이 이번 프로젝트의 성공 요인이었다고 순수하게 믿고 자신 있는 태도를 보이지 않았던가. 사실은 배송업자에게 물건의 위치를 확인하고 차질 없이 배송해달라고 당부하기만 하면 될 일이었다.

루이는 이마에 땀을 반짝이면서 잡지를 옮겨온 아가씨의 모습을 떠올렸다.

리셉션 준비로 다들 신경이 날카로워져 있던 그때 아가씨 덕분에 회장에는 안도하는 분위기가 찾아왔다. 그와 동시에 배송업체의 영업소에 직접 뛰어가 물품을 픽업해 오는 쓸데없이 과도한 열정에 관계자는 모두 쓴웃음, 아니 웃음을 되찾았던 것이다.

유리에게 지적을 받아서인지 아니면 스스로 깨달아서인지
는 모르겠지만 아가씨는 언제부터인가 성가신 일에는 관여
하지 않던 불손한 태도를 고친 것 같았다. 그뿐만이 아니라
모두의 마음을 하나로 모으는 일을 잘해냈다.

　루이는 자신이 믿는 일에 당돌하게 돌진하는 그녀의 솔직
한 모습이 눈부시다는 생각과 함께 부러운 마음이 들었다.

하루와의
조촐한 축하 파티

리셉션이 끝나고 일주일쯤 지난 어느 날 저녁, 그러고 보니 하루
에게 제대로 고맙다는 말을 하지 않았다는 생각이 들었다.

　일이 막바지에 접어들고 있는데 팀장으로서 스스로에게 자신
감이 없는 내 하소연을 들어준 하루였지만 그 일이 무사히 끝났
다고 알려주지도 않았다.

　나는 곧장 하루의 자리로 가서 어깨 너머로 말을 걸었다.

　"저기……."

　"응?"

　의자를 빙 돌려 나를 올려다보는 하루의 얼굴을 보자마자 나

는 갑자기 우물쭈물하기 시작했다. 고맙다는 말을 하려고 온 건 좋은데, 그것뿐?

"저, 저기 말이야, 요전에 내 푸념을 들어줘서 고마웠어."

모두 같이 먹을 수 있는 과자라도 들고 올걸 그랬다. 뜯지도 않고 포장된 채로 집에서 잠자고 있는 러스크라도 갖고 왔으면 좋았을 텐데!

그런 생각을 하면서 고맙다고 말하는 나에게, 하루는 얼굴 가득 웃음을 띠며 말했다.

"무슨 소릴! 그것보다 축하해. 얼마 전 그 패션업체 건 성공했다며? 멋져! 축하하는 의미로 밥 살게. 오늘 밤 어때?"

'갑자기 시간을 내라면 곤란하지' 하고 허세를 부리고 싶었지만 다행인지 불행인지 아무런 약속도 없었다. 나는 다시 하루와 식사하러 가게 되었다.

**엄마, 왜 실패해도 된다고
말하지 않았어요?**

하루가 추천한 태국 요리점은 근사하게 말하자면 본고장의 분위기가 물씬 풍기는 곳이었고, 나쁘게 말하자면 덜컹거리는 테이블에 낡아빠진 의자, 벽에 장식된 조화와 메뉴가 적힌 칠판에 이르기까지 전체적으로 값싼 분위기가 나는 가게였다.

"이 집 태국요리가 정말 맛있거든."

가게에 들어선 순간 얼굴을 찌푸린 내 표정을 보고 걱정이 되었던지, 하루는 끈질길 정도로 한참 동안이나 이 가게의 요리를 칭찬했다.

확실히 요리는 매우 맛있었다. 메인 요리가 나오기 전에 전채 요리로 먹은 태국풍 사쓰마아게(어육을 갈아서 당근, 우엉 등과 섞어 반죽한 뒤 기름에 튀긴 음식—옮긴이)와 파파야 샐러드도 일본인 입맛에 맞춘 게 아니라 태국으로 여행 가서 먹었던 본고장의 맛, 바로 그대로였다.

겨우 웃는 얼굴을 되찾은 나를 보며 안심했을까, 하루는 이번에는 나를 마구 칭찬했다.

"아니, 그건 그렇고 역시 넌 대단해. 그 뭐냐, 그린 뭔가 하는 브랜드 건 성공시켰잖아."

"그린그레이야."

언젠가 주고받았던 대화가 기억나 나는 문득 짓궂게 말하고 싶어졌다.

"누구한테나 그렇게 칭찬만 하면, 혹시 딴마음이 있나 싶어서 싫어지거든. 너 여자한테 인기 없지? 분명해."

"그런가? 나 꽤 인기 많은데."

하루는 내 말에 그다지 신경 쓰는 것 같지 않았다. 그리고 태국 대표 브랜드 맥주인 싱하 맥주를 한 모금 마시고는 진지한 얼굴로 말했다.

"어쨌든 결국 넌 대성공을 거뒀잖아. 틀림없이 사장상을 받을 거라니까! 얼마 전까지만 해도 실패할지도 모른다느니 두렵다느니 엄살을 피우더니만."

"응, 그렇게 됐어."

나는 가볍게 대답하고 넘어가려고 했는데 또다시 그 이야기가 대화 주제로 올라왔다. 지겹다는 생각이 들면서도 부정적인 사고가 내 안에 가득 차 괴로웠을 때 이야기를 들어준 하루에게 미안한 마음이 뒤섞여 나도 모르게 얼굴이 경직되었다.

하루는 그런 내 동요를 아는지 모르는지 계속해서 물었다.

"지난번에 같이 점심을 먹은 이후 네가 두렵다고 말한 자신의 불안을 떨쳐버렸나 해서. 실은 좀 신경이 쓰였거든."

나를 똑바로 쳐다보며 말하는 하루의 얼굴을 보고 그의 말에 두루뭉술하게 얼버무리거나 장난스러운 어조로 대답해서는 안 될 것만 같았다. 그렇다고 하루를 안심시키기 위해서 듣기 좋은 거짓말을 해서도 안 되겠다는 생각이 들었다.

나는 잠시 생각한 뒤 솔직한 심정을 털어놓았다.

"난 옛날부터 내가 칭찬받는 일은 있을 수 없다고 생각하며 살았어. 그래서 지금도 어떤 일이 잘되고 나면 그 뒤에 반드시 함정이 기다리고 있을 것 같은 기분이 들어서 두려워."

"어째서?"

"아마도 어릴 때부터 누군가와 비교당하고 부모님한테 야단맞기만 하고 자라서가 아닐까 싶어. 친구보다 받아쓰기가 서툴다거나 아무개보다 피아노를 못 친다거나 해서 말이지. 가끔 잘했더라도 우리나라에서 최고가 되지 못하는 이상 반드시 위에는 또 누군가가 있잖아."

"뭐, 그야 그렇지."

하루는 맥주 라벨 부근에 시선을 두고는 내 말에 맞장구를 쳤다. 너무 심각하지 않게, 그렇다고 농담을 섞어 진지한 대화를 망치지 않으려는 하루의 말투를 들으면서 나는 말을 계속했다.

"게다가 엄마는 내가 이 직업을 택할 때 굉장히 반대하셨거든. 그것 때문인지 엄마 말을 듣지 않아서 언젠가 크게 실패하고 '그러니까 내가 뭐라든?' 하고 혼날 거라는 생각이 머릿속에 박혀 있는 것 같아. 이상하게 들리겠지만."

하루가 들으면 틀림없이 웃을 거라고 생각했는데, 내 말을 듣고도 여전히 아무 감정이 없는 얼굴이었다.

나는 그 표정에 용기를 얻어 성공해서 칭찬받는 상황이 아직 어색하고 편하지 않은 느낌이라고 털어놓았다. 그리고 다른 사람에게서 축하한다는 말을 들어도 기쁜 한편으로 '다음번에 실패하면 끝인 거 알지?' 하고 협박당하는 기분이 든다고 고백했다.

하루는 맥주를 마시면서 중얼거렸다.

"꽤 꼬여 있네."

'넌 할 수 있다'는
작은 격려

꼬여 있다는 하루의 말에 나는 아무런 반박도 하지 못했다. 나도 이미 잘 아는 사실이었다. 독립심은 왕성하지만 서른세 살이 되도록 싫은 걸 싫다고 주장하지 못하고 줄곧 부모의 영향을 받으며 살아와서인지 내 성격은 상당히 꼬여 있었다.

나는 잠깐 말없이 요리를 먹다가 마음을 다잡고 하루에게 물어보았다.

"너는 항상 부모님에게 칭찬받으면서 자랐다고 했잖아. 그 말

정말이야?"

"물론 야단맞은 적이야 있지. 장난을 심하게 치거나 나보다 어린아이를 괴롭히면 굉장히 꾸짖으셨거든. 하지만 성적이 나쁘다든가 뭔가를 하지 못한다고 해서 혼난 적은 없었어. 대학 입시에 실패하고 재수를 할 때도 '너는 할 수 있는 아이야'라고 계속 말씀해주셨는데, 그 싹이 나오지 않은 채로 34년이 흘렀다고나 할까."

나는 하루의 말에 나도 모르게 웃고 말았다. 그런 부모님 덕분에 그가 이렇게 자유롭고 느긋하게, 누구든 긍정적인 태도로 대할 수 있구나 하고 이해가 되었다. 반면에 나는 얼마나 더 인생이 꼬여야 될까?

나는 하루에게 한 가지를 더 질문했다.

"있잖아, 혹시 부모님 꿈을 꾼 적 있어? 부모님에게 감시당하는 느낌이 들어 한밤중에 벌떡 일어난 경험 같은 거, 없어?"

하루는 눈을 크게 뜨고 내 얼굴을 들여다보았다. 굳이 말로 하지 않아도 '무슨 뜻인지 모르겠는데?' 하고 되묻고 싶은 표정이었다. 나는 하루의 대답을 기다리지 않고 그대로 말을 이어갔다.

혼자 살고 있는데도 언제나 감시당하는 기분이 들고 휴대전화에 부재중 전화가 있으면 심장이 쫙 쪼그라드는 듯한 긴장상태

가 된다는 얘기며, 엄마의 한마디한마디에 우울해지고 그런 기분
이 들면 자기혐오에 빠진다는 얘기. 하지만 최근에는 친구들 덕
분에 엄마와의 거리를 조정하는 기술을 익혔다는 것과 그런 내게
예상과 달리 상냥한 태도를 보이는 엄마를 어떻게 대해야 좋을지
모르겠다는 얘기까지 전부 꺼내놓았다.

　나는 한참을 이야기하면서도 한편으로는 마음 한구석에서 냉
정하게 생각하고 있었다.

　구김살 없이 자라온 하루는 사키나 유리와 달리 엄마에 대한
내 기분은 이해할 수 없는 게 틀림없다. 하지만 나의 꼬여버린 반
평생을 웃어넘긴다면 그걸로 좋다.

　무엇보다 나는 하루가 한 손에 맥주잔을 들고서 '너 바보 아
냐?' 하고 놀리듯이 환하게 웃어주기를 바라고 있었다.

성장하며 행복을
준 것만으로 충분하다

나의 긴 고백을 듣고 난 하루는 잠시 내게서 시선을 돌려 테이블
한쪽을 물끄러미 바라보았다. 내 말이 끝난 즉시 웃어넘겨 주기
를 기대했건만 하루는 여전히 진지한 표정이었다.

얼마 후 내 마음이 불안으로 가득 찰 즈음, 하루가 작은 목소리로 중얼거렸다.

"그래도 말이야, 뭐가 어쩌니 해도 분명히 어머님은 너를 키우는 동안 행복하지 않으셨을까? 그도 그럴 것이 엄마를 거스르지 않는 '착한 딸'이었다며? 그걸로 충분하잖아. 그것만으로도 넌 정말 효녀야."

나는 젓가락을 든 채로 하루의 얼굴을 바라보았다.

"뭐가 어쩌니 해도 분명히 어머님은 너를 키우는 동안 행복하지 않으셨을까?"

하루의 말이 다시 한 번 머릿속에서 천천히 되풀이되더니 코끝이 찡하고 아파왔다.

엄마가 육아를 즐겼는지 아닌지는 알 수 없다. 하지만 그의 말에는 과거의 나와 지금의 나를 모두 인정하고 따뜻하게 안아주려는 온화함이 가득했다. 나는 그 말을 다시 한 번 음미하면서 아무렇지도 않은 듯이 아래쪽을 내려다보았다. 눈가에 치밀어 오르는 뜨거운 것을 하루에게 보이고 싶지 않았다.

테이블을 사이에 두고 마주 앉아 있던 하루는 마침 옆을 지나는 점원에게 맥주와 한두 가지 요리를 더 주문했다. 그러고 나서 나에게라기보다는 혼잣말처럼 중얼거렸다.

"부모를 만나고 싶다든가 만나고 싶지 않다든가, 만나야 한다든가 만나는 게 좋겠다든가 일일이 어렵게 생각하지 말고 자신의 마음을 소중하게 여기면 되지 않겠어? 성인이니까 자신의 인생을 살아가자고!"

"응, 맞는 말이야."

나는 나답지 않게 순순히 하루의 말에 고개를 끄덕였다.

항상 엄마의 환영에 겁먹고 있던 내게는 나의 인생을 살아간다는 게 말처럼 쉬운 일이 아니었다. 하루의 말 하나로 오랜 세월 동안 짊어지고 온 부모에 대한 부담감이 없어질 정도로 단순한 문제가 아니었다. 하지만 하루가 뭔가 무척 밝은 전망을 열어준 것 같은 기분이 들었다.

오랜만에 마음이 후련해진 밤이었다.

그 후 맥주 몇 병을 더 비우고 요리를 잔뜩 먹어치운 우리는 일이며 함께 아는 지인을 화제로 삼아 이야기꽃을 피웠다. 이제 슬슬 돌아가야겠다고 생각했을 때 혀가 꼬부라질 정도로 취한 하루가 내게 말했다.

"네가 일도 잘하고 자상하고 좋은 사람이라는 건 내가 잘 알지. 그것만으로 안 될까?"

진심인지 농담인지 가늠할 수 없는 말투에 나는 뭐라고 대답해야 좋을지 몰랐다.

그저 하루에게 여러 번 고개를 끄덕이고는 짐짓 과장된 몸짓으로 몇 번이고 잔을 들어 "건배!" 하고 외치며 밝게 웃어 보였다.

당신이 해야 할 효도는
마쳤다고 생각하라

챕터 5~6에서 루이는 모든 일을 나쁜 방향으로만 생각하고 자신이 이룬 성과에 대해서 솔직하게 기뻐하지 못해 마음이 편치 않았습니다. 이렇게 모든 일을 부정적으로 생각하며 '내가 잘못한 건 아닐까?' 하고 의심하게 된 원인은 어릴 때부터 반복해 형성된 지나치게 합리적인 사고, 즉 부정적 자기 인지에 있습니다.

어린아이는 나이에 맞는 합리성을 지니고 있습니다. "왜?" 하고 자주 물어보는 것은 바로 그 합리성의 표현입니다. 하지만 아빠가 엄마에게 폭력을 휘두르거나 엄마가 우는 모습을 보며 자란 아이, 혹은 툭하면 야단을 맞고 이유 없이 냉대를 받으며 자라온 아이는 아무리 생각해도 그런 일이 벌어지는 이유를 알 수가 없습니다. 이유를 알 수 없는 일들만 겪다 보면 아이의 세계는 합리성을 잃고 결국 전부 자신이 잘못했다고 여기게 됩니다. 그렇게 해야만 모든 현상을 이해할 수 있고 합리적으로 받아들일 수 있기 때문입니다. 엄마가 화를 내는 이유는 자신이 나쁜 아이이기 때문이고 엄마가 자신을 구속하는 것도 자신이 잘못했기 때문이라고 생각하면 앞뒤가 들어맞습니다.

하지만 무사히 성장하기 위한 요령으로 터득한 '내가 잘못했다'고 생각하는 습관은 어른이 되어서 건강한 인간관계를 맺거나 인생을 즐겁게 살아가는 데 큰 장애가 됩니다. 그것이 바로 부정적인 사고의 정체입니다. 루이가 긍정적인 사고방식을 가진 하루와 어딘가 약간씩 의견이 맞지 않았던 것은 바로 이 때문입니다.

딸이 품고 있는 부정적 사고와 부모에 대한 부담은 엄마로 인한 요인뿐만 아니라, 딸은 당연히 부모를 살갑게 챙겨야 하고 아들보다 자주 연락해야 한다는 사회적 상식에 기반한 책임감이기도 합니다. 이러한 부담감에 억눌려 자신의 마음에서는 여전히 타협하지 못했음에도 부모님이 편찮으시게 되면 몹시 힘든 간병 생활을 시작하는 사람도 있습니다.

본래 딸은, 아니 자식은 모두 부모에게 부담감을 느낄 필요가 없습니다. 무사히 태어나 부모에게 어릴 적 육아의 즐거움을 준 것만으로도 효도는 다한 것입니다. 당신은 해야 할 효도를 이미 다 마쳤습니다.

동양에서는 이 세상에 태어난 일이 부모의 은혜라고 강조합니다. 낳아주고 길러준 정성을 무엇보다 중요하게 생각해서 자식 된 도리로 효도를 해야 한다고 말하기도 합니다.

그러나 출산을 하고 나면 비로소 알게 되는 점이 몇 가지 있습니다. 분명 출산은 괴로운 진통이 따르는 일이지만 '이러한 고통을 아이 탓으로 돌리면 안 된다'는 사실입니다. 자식에게 자신이 낳아주었다고 공치사하거나 진통이 심했다고 강조함으로써 죄책감을 심어주어 속박하려는 엄마도 있습니다. 하지만 우리는 부모도, 가족도, 성별도 그리고 얼굴까지 그 무엇도 자신이 선택하지 않았습니다. 부모의 결정에 따라 이 세상에 태어났을 뿐입니다.

아무것도 선택할 수 없는 환경 속에서 불평 한마디 말하지 못하고서 엄마가 원하는 '착한 아이'로 자라나 건강하게 살면서 사회에 공헌하고 있습니다.

그것만으로도 이미 충분하지 않을까요.

부모와 자식의 피가 이어져 있다는 사실에 가치를 크게 두는 사람도 있습니다. 하지만 앞으로는 혈연이 아니라 사회적으로 연결된 가족이 점점 늘어날 것입니다. 아동학대에 관한 뉴스가 보도될 때마다 피가 이어져 있어도 자식을 살해하는 부모가 그렇게나 많다는 사실에 놀라곤 합니다. 딸은 엄마를 피가 연결되어 있는 사람이 아니라 상당히 오랜 기간 같은 공기를 마셔온 동성의 한 사람으로 생각해도 좋습니다.

당신에게는 같은 여성으로서 엄마보다 젊고 엄마보다 긴 미래가 있습니다. 엄마는 어쩌면 그 사실을 질투하고 있는지도 모릅니다. 딸이 자신보다 우위에 서 있는 것이 싫어서 자신과 딸을 상하관계로 인식하려는 엄마도 적지 않습니다. 자신이 지금껏 맛보지 못한, 일에서 만족을 느끼는 딸이 자랑스럽지만 그러한 딸의 능력을 남들에게 자랑하면서도 여차하면 딸을 그 자리에서 끌어내리고 싶어진다니, 더할 나위 없이 쓸쓸하고 비참한 일입니다. 그런 엄마에 대한 이야기를 들을 때마다 같은 여성으로서 왜 순수하게 딸의 행복을 바랄 수는 없는지 너무나

안타깝습니다. 거리를 두고 약간 멀찌감치 떨어져서 엄마를 바라보면 보잘 것 없이 불안하고 자신감 없는 한 명의 여성으로 보일지도 모릅니다. 그런 생각을 품을 수 있는 것도 엄마를 연구하다 보면 얻을 수 있는 하나의 성과입니다.

서로를
놓아주는
연습하기

새로운 관계의 시작

연말 즈음의 번화가는 송년회에서 술을 마시고 돌아가는 사람들로 북적였다. 지금은 이른 시간부터 시작된 모임이 끝나고 2차를 시작하는 시간대다.

　루이는 입사 동기 열 명과 함께 자리에 앉아 모임을 주선한 하루가 하는 말에 귀를 기울이고 있었다.

　"오늘 동기의 별, 기미시마 루이 씨의 사장상 수상을 축하하는 자리에 함께해주셔서 감사합니다. 루이 씨, 한마디 부탁드립니다."

　"앗, 나?"

생각보다 빨리 이름이 불려 당황한 루이는 모두에게 재촉받으며 자리에서 일어나 오랜만에 모인 동기들을 바라보았다.

동기들은 하레 에이전시에 같은 시기에 입사해 각자 영업과 제작 등 자신이 속한 부서에서 실력을 발휘하고 있다. 동기끼리 함께 일하는 경우는 거의 없었지만 가끔 만나면 서로의 안부를 묻거나 정보를 교환하며 이야기꽃을 피웠다. 때로는 라이벌이기도 하지만 금세 협력할 수 있는 관계가 바로 동기다.

루이는 지난여름 매진했던 그린그레이 프로젝트를 떠올렸다. 가장 일손이 필요했던 리셉션 당일, 마침 여름휴가 중이던 동기 몇 명이 와서 뒤에서 일을 도와주었다. SNS를 통해 그린그레이를 홍보해준 사람도 믿음직한 동기들이었다. 게다가 바쁜 연말인데도 오늘은 누구 하나 빠짐없이 모여주었다. 그것만으로도 루이는 정말 기뻤다.

예전에 하루가 예언한 대로 루이는 그린그레이의 일본 진출 프로모션을 성공시킨 공로로 하레 에이전시 사장상을 수상했다. 회사 최초로 패션 브랜드에 관한 안건을 훌륭히 완수한 루이가 상을 받는 데 이의를 다는 사람은 아무도 없었다.

그렇지만 비교적 화려한 안건을 한 번 수주했다고 해서 회사의 방향성이 그리 쉽게 바뀌지는 않았다. 그린그레이에 이어 패션 회사의 안건이 연달아 들어오는 것도 아니어서 그 후의 수주 경쟁에서는 고전이 계속되었다.

루이 또한 오랜 고객인 부품 제조회사와의 일에 몰두하고 있어서 그린그레이 프로젝트는 아득히 먼 옛날 일처럼 느껴졌다.

그렇지만 루이와 함께 그린그레이 프로모션을 성공시킨 팀원들은 다른 팀으로 흩어진 뒤에도 그 경험을 살려 일하고 있다. 그린그레이 프로젝트 때 처음 인연을 맺은 특색 있는 제작회사와 함께 기획을 제안하기도 하고, 눈앞의 색다른 프로모션을 성공시키는 등 계속해서 실적을 올리고 있어 기존 고객에게도 높은 평판을 얻고 있다.

동기들을 모두 둘러본 루이는 활짝 웃으며 말을 시작했다.

"이렇게 바쁜 연말에 여러분과 모이게 되어 기쁩니다. 오늘 모인 계기는 저의 사장상 수상이긴 하지만 제가 이 상을 받을 수 있었던 것은 모두 곁에서 도와주고 응원해준 여러분 덕분이에요."

루이는 하루와 시선을 마주쳤다.

언제나 긍정적인 하루는 바로 얼마 전에도 까다로운 고객의 요구로 고민하던 루이에게 기운을 북돋아주었다. 동기뿐만이 아니다. 후배와 선배, 사적인 친구 등 루이에게는 자기 편이 많이 있다.

"여러분, 정말 감사합니다. 다음번에는 제가 은혜를 갚겠습니다. 자, 건배!"

때마침 나온 맥주로 모두 잔을 채우자 루이는 활기차게 건배를 선창했다. 자신이 건배를 외치려고 했던 하루는 순간 당황한 표정을 짓더니 곧바로 웃음을 띠며 동기 한 명 한 명과 잔을 부딪쳤다.

루이는 생각했다.

'나의 세계는 점점 넓어지고 있어. 조금 늦은 감은 있지만 일의 재미와 심오한 의미도 알게 되었고 말이야. 이 사실에 떳떳하지 못할 이유는 전혀 없어. 내가 즐겁고 행복하게 살아가는 일에 대해서 그 누구에게도 부담감을 가질 필요는 없는 거야.'

다음 날, 지하철 개찰구를 나온 루이는 유리의 연락을 받았다. 바로 전화를 받자 수화기 너머로 일부러 새침 떠는 듯한 목소리가 들려왔다.

"저는 그린그레이의 간다 유리라고 합니다. 루이 씨 맞죠?"

"아, 어쩐 일이야?"

"실은 내년에 우리 회사 그린그레이에서 일본 판매의 발판이 될 중심 매장을 개점하게 되었어. 이 일은 아직 비밀로 해 줘. 그래서 말인데 루이 씨! 루이 씨와 팀원들에게 다시 프로모션을 부탁하고 싶어."

유리의 목소리는 대화 중간부터 억누를 수 없는 기쁨으로 들떠 있었다. 그 목소리를 들은 루이도 큰 소리로 대답했다.

"와아, 정말? 이번에도 잘 부탁해. 내일 당장 그린그레이로 갈게."

앞에서 걸어오던 어떤 남자가 루이의 목소리에 깜짝 놀라는 모습이 보였다. 그 사람이 스쳐 지나가면서 뚫어져라 쳐다보자 루이는 어깨를 살짝 움츠리고는 목소리를 조금 낮춰 유리와 내일 만날 약속을 정했다.

엄마를 편하게
대하는 기술

그날은 엄마와 함께 저녁식사를 하기로 한 날이었다. 회사 근처에 있는 스시 전문점이 바로 얼마 전 텔레비전에서 소개되었는지 엄마가 기어코 그 가게에 가고 싶다고 하길래 미리 예약해두었다.

몇 개월 전, 그린그레이 프로젝트 수주가 결정되던 날에 엄마와 만났다는 사실이 새삼 떠올랐다. 평소에는 내가 하는 일에 대해서 불평만 하더니 바로 그날 레스토랑 웨이터에게 딸 자랑을 하던 엄마에게 느꼈던 복잡한 감정이 지금도 선명하게 기억에 남아 있었다.

오늘은 또 어떤 이야기가 튀어나올까?

엄마와 만날 생각을 하면 여전히 우울한 기분이 든다. 마음 한구석에 썩 내키지 않는 불편한 느낌이 존재한다. 하지만 나는 예전보다 조금은 살갑게 엄마의 요구를 받아주고 때로는 적당히 넘어갈 줄도 알게 되었다.

엄마는 예전과 마찬가지로 내 근황을 물어본다. 나는 예전과 마찬가지로 말을 많이 하지는 않는다. 엄마는 내 근황에 100퍼센트 관심이 있는 게 아니기 때문이다.

최근에 나는 엄마의 마음을 알게 되었다. 내가 사장상을 받든 동기들에게 축하를 받든 엄마의 마음은 긍정적인 방향으로 움직이지 않았다. 엄마의 눈에 차는 남자친구가 생겼다거나 그 남자에게 청혼을 받았다는 화제가 아닌 이상, 엄마는 결코 만족하지 않는다.

엄마는 내 일에 관한 근황을, 엄마가 쏟아놓을 불평이라는 메인 요리를 먹기 전까지 요기를 채울 만한 애피타이저 정도로 듣고 있다.

오늘도 엄마는 일에 관한 내 이야기를 다 듣고 나자 늘 하던 대로 불평을 쏟아냈다.

"네가 일에만 빠져 있으니 이대로라면 노후가 걱정이야."

"네가 결혼하지 않으니까 엄마는 늘 안심할 수가 없어."

간단한 전채 안주와 모둠회에 젓가락을 가져가면서도 엄마의 잔소리는 멈추질 않는다. 그 잔소리를 듣고 있으면 점점 마음이 닳아 소모되는 기분이 든다.

하지만 지금의 나는 예전의 나와는 다르다. 엄마에게 "난 괜찮으니까 마음 놓으세요"라든가 "곁에 있어드리지 못해 미안해요"라고 말해버리면 또 쓸데없이 이야기가 길어진다는 것을 잘 알고 있다. 그래서 나는 그저 짧게 "응응, 그렇구나", "맞아요" 하고 적당히 맞장구를 치면서 엄마가 하는 말을 한 귀로 흘려보낸다.

예전에는 딸로서 엄마 말을 흘려들어선 안 된다는 생각에 엄마가 하는 말을 잔뜩 긴장해서 진지하게 받아들이며 괴로워했다. 하지만 그래봤자 서로 불행해질 뿐이다. 받아들이는 나도 힘들고, 엄마도 생각처럼 되지 않는 나를 제어하려다 보니 말과 행동이 격해진다.

나는 계속해서 나오는 스시를 집어 드는 엄마를 보면서 생각했다.

'엄마에게는 맛있는 음식을 연료 삼아 열심히 투덜거리는 일이 단지 습관일 뿐이다. 언제까지나 딸은 어리고 자신의 테두리 안에 있다는 환상을 보고 싶을 뿐이다. 엄마는 분명, 아무 잘못이 없다.

마찬가지로 나 또한 아무 잘못도 없다.'

이제 엄마에게서
떠나야 할 때

스시 전문점 카운터 옆에는 일본풍으로 꾸민 작은 크리스마스트리가 세워져 있었다. 스시 가게에 크리스마스 트리라니! 이 어울리지 않는 묘한 조화가 의외로 무엇이나 있을 것 같은 연말연시의 넉넉한 분위기를 고조시키는 듯해 인상적이다.

그러고 보니 최근 엄마도 지금까지의 거침없는 태도와는 어울리지 않을 것 같은 부드러운 모습을 난데없이 보이기도 하면서 이런저런 방법을 동원해 내게 접근하고 있다.

불쑥 전화를 걸어 히스테릭하게 분노를 터뜨리는가 하면 반대로 약해진 모습을 보이기도 한다. 또 '오늘 이런 물건을 봤는데 어때?' 하고 조언을 구하는 척 연락하는 식으로 지금까지는 없었던 방법으로 내게 다가오는 일이 늘어났다.

그런 엄마의 말에 나는 나답게 대응할 수 있게 되었다.

본가에 갔을 때 엄마가 하는 말이 견디기 힘들어지면 "이제 그만 쉴게요"라든지 "잠깐 바깥 공기 좀 쐬고 올게" 하면서 엄마와 정면으로 부딪치는 순간을 피하고 있다.

전화는 더 수월하다.

나에게 여유가 있으면 이야기를 들어주고, 여유가 없으면 "나

지금 피곤해서 자야겠어"라고 말하고 나서 전화를 끊고 전원을 꺼버린다.

그렇기는 해도 엄마에게 걸려온 부재중 전화가 있으면 아직도 초조하고 샤워 중에도 휴대전화 벨소리가 울리는 것처럼 환청이 들릴 때도 있다. 연락을 자주 하지 않는다는 자책 때문인지 꿈에 엄마가 나타나서 당황한 적도 있다.

하지만 이럴 때 나는 심호흡을 한 번 하고는 스스로 묻는 습관을 들였다.

'나는 어떻게 하고 싶지?'

가장 소중한 것은 나의 감정이다. 내가 괴로우면서 엄마를 정면으로 마주할 수는 없다. 괴로운 심정을 억누르고 적당히 맞춰주는 것은 오히려 엄마에게도 무례한 태도가 아닐까?

그 결과, 꼭 전화를 걸지 않고 메시지로 충분하다고 판단할 때도 있고 여유 있는 주말로 연락을 미루기도 한다. 자신을 소모시키는 한이 있더라도 절대로 엄마의 존재를 무시해서는 안 된다고 믿던 예전과 비교하면 꽤 큰 발전이다.

이렇게 나는 엄마에게서 조금씩 벗어나고 있다.

엄마에게 인정받고 싶어 하는 집착이 내 안에 있다는 사실을 인정하고 가능하면 그 집착을 포기하려고 노력했다. 혈연으로 맺어진 엄마지만 가치관이 다른 타인이라 생각하고 나를 알아달라고 몸부림치는 일을 그만두었다.

이런 관계를 두고 외롭다거나 딸인데 냉혹하다고 말하는 사람도 있을 것이다. 하지만 엄마에게 기대하지 않겠다고 마음먹은 결과, 나는 예전보다 엄마와 좋은 관계를 유지하고 있다. '부모는 당연히 자식 편'이라는 믿음은 부모에게도 자식에게도 부담이 될 뿐이다.

그런데도 가끔 엄마의 말에 나 자신이 닳아 소모되는 기분이 들 때가 있다. 엄마가 무심코 던진 말에 상처받거나 가슴속에 꼭꼭 묻어두었던 어릴 적 괴로운 기억까지 터져 나올 것 같을 때는 나를 인정해주고 있는 친구들, 사키와 유리 그리고 하루와 이야기하면서 닳아 비워진 나를 채워갈 수 있게 되었다.

친구들에게 하찮은 내 얘기를 들어달라고 해도 괜찮은지 소심하게 망설이던 자신감 없는 태도도 이제는 버리려고 노력하고 있다. 나에게 친구들이 더없이 멋지고 소중한 존재인 것과 마찬가지로 그들이 보기엔 나도 그럭저럭 좋은 친구일 게 틀림없으니까.

그렇게 또다시
삶은 계속된다

사키는 한 아이의 엄마가 되었다.

남편과 딸이라는 응원단을 얻고 점점 강하고 아름다워진 사키는 이미 엄마의 속박 같은 건 마음에 두지 않는 듯하다. 다만 언젠가 자신도 딸을 구속하게 되지는 않을까 하는 생각에 사로잡혀 딸이 성장하는 모습이 기대되는 한편으로 두려움도 느끼고 있다고 한다.

유리는 여전히 아들을 잘 보살피며 자신이 원하는 대로 살고 있다. 미적지근하게 살아온 내게 그녀의 좌우명은 약간 과격하다. 하지만 그녀가 들려준 많은 이야기 덕분에 나는 마음이 상당히 편해졌다.

어쩌다 보니 나는 유리의 아들 유타에게 호감을 사서 '루이 이모'라고 친근하게 불리면서 함께 놀아주는 사이가 되었다. 10년이 지나도 결혼하지 못한다면 유타가 나를 아내로 맞아줄지도 모르겠다.

그리고 하루는 변함없이 나를 있는 그대로 다 받아주고 일이 있을 때마다 칭찬해준다. 내가 이뤄낸 성과에 대해 자신의 일처럼 기뻐하고 자칫 부정적인 방향으로 흐르고 마는 내 성격도 전부 감싸 안아준다.

사키와 유리에게는 둘이 사귀어보면 어떠냐는 말을 듣지만 왠지 절친의 테두리를 벗어나지 않는, 그런 관계가 이어지고 있다.

부모 때문에 엄마가 되는 일을
두려워하지 마라

"너도 자식을 낳아보면 엄마 마음을 알 거다."

"너는 아이가 없으니 내 마음을 모르는 거야."

엄마들이 예사로 자주 하는 말입니다. 이 말에는 다음과 같은 사고가 깔려 있습니다.

사람은 산에 올라가 보고서야 높은 산에 오른 사람의 고생을 알게 됩니다. 이렇게 힘든 과정을 거쳐 산에 올랐으니 그 사람을 정말로 대단하다고 생각하고 진심으로 존경하게 됩니다.

자신이 심한 진통을 겪으며 아기를 낳고, 그 후에도 모유수

유와 힘든 육아를 경험하면서 '엄마도 나를 낳았을 때 힘드셨 겠구나' 하고 생각하는 여성이 많을 것입니다.

하지만 그렇게 공감했다고 해서 엄마의 마음을 다 아는 것은 아니며, 엄마 뜻대로 전부 순종한다는 의미도 아닙니다. 귀여운 자신의 아이를 보면서 '엄마도 나를 이렇게 귀여워하셨겠지' 하는 뭉클한 마음이 든다고 해서 지금껏 엄마가 해온 말과 행동을 단번에 용서할 수 있는 것 또한 아닙니다.

오히려 자식을 갖고서야 비로소 왜 엄마는 그런 말과 행동을 했을까 하는 의문이 들고, 이렇게 예쁜 자식에게 심한 행동을 한 엄마를 이해하지 못하거나 새삼 분노를 느끼는 사람이 더 많습니다.

하물며 딸이 자신의 뜻대로 되지 않는다고 해서 아직 결혼도 출산도 하지 않은 딸에게 '엄마가 되면', '출산하면'이라며 자신이 경험한 조건을 내세운다는 것 자체가 비겁한 행동입니다. 우주비행사였던 사람이 우주선을 타본 적이 없는 사람에게 "당신도 우주로 나가보면 알게 됩니다" 같은 말을 해서는 절대 안 되는 것과 같은 이치입니다.

사람은 곧잘 자신을 우위에 올려놓기 위해 인생에서 경험한 차이를 이용합니다. 자신보다 훨씬 젊고 긴 미래가 있는 사람들을 향한 질투 때문인지 "당신도 나이 들면 알게 될 거예요", "너도 ○○세를 넘으면 알게 될 거야" 하는 발언을 자주 합니다. 저도 이제 곧 70세가 다 되어가지만 아직까지도 이 나이가 되었기 때문에 새롭게 알게 된 일 같은 건 없습니다. 그러므로 이런 말만은 하지 않겠다고 마음속으로 맹세했습니다.

챕터 1에서 엄마가 아이를 키우는 데는 어느 정도 보호와 간섭이 필요하다고 언급했습니다. 힘든 육아에 지치다 보면 의도와 달리 딸을 스트레스 발산의 배출구로 삼기도 하고 자신이 생각한 대로 되지 않으면 육아를 포기해버리기도 합니다. 그만큼 육아는 외롭고 힘들게 견뎌야 하는 어려운 일입니다.

엄마는 조금이라도 어려움을 덜기 위해 자식을 구속하고 자신이 원하는 방향으로 조종해갑니다. 딸이 이룬 성과가 마치 자신의 것인 양 뿌듯해하기도 합니다. 그리고 딸이라는 최고의 카운슬러를 자신에게서 떼어놓지 않습니다. 루이처럼 몇 시간이나 전화로 잔소리를 듣는 걸 보면 딸은 역시 최고의 카운슬러입니다.

엄마는 딸이 조금이라도 자신에게서 벗어나려고 하면 예민하게 알아차리고 일부러 약한 모습을 보이면서 딸의 관심을 이어나가려고 합니다. 또한 딸이 자신을 걱정해주고 미안해하는 모습을 보이면 다시금 엄마의 테두리 안으로 들어왔다고 생각해 기분이 좋아집니다.

부모인 이상 어느 정도는 어린 자식을 통제하는 일이 필요합니다. 사회의 규칙에 반하는 일을 하지 않도록 엄하게 가르쳐야 합니다. 그때 감정적이 되거나 순간적으로 손을 댈 수도 있습니다. 훈육과 약간의 체벌을 학대라고 할 수는 없습니다. 그 행위만을 끄집어내 주위에서 문제 삼는 것은 오히려 잘못입니다. 학대냐 아니냐는 그 후의 과정, 즉 언어로 차분히 설명하고 감정을 다독여주느냐 아니냐에 달려 있습니다.

자식을 자신의 분신이나 소유물로 생각하는 부모는 자신의 행동을 제대로 뒷마무리하지 않습니다. 말하지 않아도 자신의 마음이 전해질 것이라고 안이하게 생각합니다. 혹은 자식에게 예의범절을 가르치는 일은 마치 동물에게 습관을 들이는 것과 같다고 생각해 마음을 다독여줘야 한다는 데까지 생각이 미치지 못하기도 합니다. 야단친 이유를 아이에게 이해시키지 않고 키우면 아이의 마음에는 심한 질책과 폭력만 고스란히 남아 자신은 가치가 낮은 존재이기 때문에 야단맞았다고 믿게 됩니다.

자식을 하나의 인격체로 여기는 부모는 심하게 꾸중한 다음에는 반드시 뒷마무리를 합니다.

"아까는 큰소리를 내서 놀랐지? 하지만 너를 야단친 것은 이러이러한 이유가 있기 때문이야. 앞으로는 주의하렴."

앞서 '합리적 사고' 부분에서도 설명했지만 자식은 어른이 상상하는 것 이상으로 많은 생각을 합니다. 부모가 꾸짖은 이유를 설명해주면 안 되는 것은 안 된다는 사실을 마음에 새기고 자신이 야단을 맞은 데는 그만한 이유가 있다고 이해하게 됩니다.

당연한 말이지만 단순히 자신의 불쾌한 기분을 자식에게 표현하고 말았다면 "아까는 엄마가 잘못했어. 미안해" 하고 사과해야 합니다. 자식에게는 사과할 필요가 없다고 생각하는 부모도 있겠지만 이는 당치 않은 말입니다. 타인에게 상처를 입히면 사과해야 하듯이 자신의 아이들에게도 제대로 사과할 줄 알아야 합니다.

아이가 자라 사춘기를 맞이하고 자아가 생기면 부모에게 숨기는 것도 생기고 때로는 거짓말도 하게 됩니다. 어쩌면 엄마가 하는 말이나 행동을 비난할지도 모릅니다.

인간의 성장은 그 모든 과정을 포함하고 있습니다. 자식은 부모의 분신이 아니기 때문에 부모가 원하는 길로만 걸을 리가 없습니다.

다시 말해서 엄마가 된다는 것은 언젠가 '자식이 자신의 의견과 다른 선택을 하는 미래'와 '자식의 선택을 잠자코 받아들이며 괴로워하는 날'이 온다는 뜻입니다. 따라서 선인들은 바로 이 '언젠가'가 찾아오면 엄마가 담담하게 괴로움을 받아들일 수 있도록 '자식은 세 살까지 평생분의 효도를 다한다'는 말을 남겼습니다.

자식은 엄마 몸에서 태어났지만 결코 엄마의 분신도 소유물도 아닙니다.

부모와는 다른 가치관을 지닌, 엄마는 상상할 수 없는 경험을 하게 될 존재라는 사실을 인정해야 합니다. 엄마가 된다는 건 그러한 외로움과 고독을 견뎌내야 하는 일입니다. 그 사실만 잊지 않으면 엄마가 되기를 두려워할 필요는 없습니다.

'부모의 독선과 속박이 세대에서 세대로 이어진다'는 말이 계속되어서는 안 됩니다. 상담 전문가의 경험으로 단언컨대 그렇게 단순한 답습은 없습니다.

최근에는 아버지에게서 아들로 이어지는 이러한 답습이 문제가 되기도 합니다. 여성은 출산과 육아를 거치면서 바람직하게 아이를 키우기 위해 노력하고, 거슬러 올라가 자신과 엄마와의 관계를 돌아보게 됩니다. 부모에게 이어받은 것을 되돌아보며 자각하는 일이야말로 가장 확실하게 대물림이나 답습을 방지하는 방법입니다. 그런데 생물학적으로 출산을 할 수 없고 사회적으로 육아에도 소극적인 남성은 안타깝게도 자신과 부모와의 관계를 돌아볼 기회가 적습니다. 이것이 바로 다음 세대로 나쁜 습관을 물려주는 큰 요인입니다.

다시 말하지만 엄마에게 당한 일을 자식에게 되풀이하고 싶지 않다고 생각하는 사람은 자신이 어떻게 자랐는지를 돌아보고 자신의 말투나 표정 등 행동 습관이 엄마와 닮았는지 아닌지를 확인해볼 필요가 있습니다. 자신을 되돌아보지 않는다면 부모에게서 알게 모르게 안 좋은 습관을 물려받았다는 사실조차 자각할 수 없습니다. 자신의 말이나 행동이 엄마를 닮았다는 사실을 깨달으면 아마도 충격이 무척 클 것입니다.

하지만 극복할 수 있습니다. 혼자서 불가능하다고 생각하면 전문가나 같은 경험을 한 친구의 힘을 빌려봅시다. 엄마와는 다른 방법을 배우고 시도하는 일은 얼마든지 가능합니다. 상담 중에 만난 수많은 여성은 그런 노력을 하면서 엄마와는 다른 방식으로 자녀를 키우고 행복한 부모 자식의 관계를 구축해나가고 있습니다. 자신감을 갖고 도전해봅시다.

어떤 부모든지 미세한 독을 품고 있습니다. 아름다운 장미에는 가시가 있듯이, 따스한 엄마의 사랑에는 반드시 약간의 독이 들어 있기 마련입니다. 하지만 그 독이 맹독이 되면 자식의 존재를 가둬버리거나 망쳐버릴 수도 있습니다. 필요 이상으로 닮기를 두려워하면 부자연스러울 정도로 독을 부정하게 되어 오히려 위험합니다. 미독은 당연하다고 받아들임으로써 우리는 맹독이 되지 않도록 피할 수 있습니다.

당신의 인생은
당신의 것이다

'독이 되는 부모'나 '독이 되는 엄마'라는 말이 유행처럼 퍼질 때 '살기 힘든 상황을 부모 탓으로 돌리지 마라'는 의견도 꽤 있었습니다. 맞는 말입니다. 자신의 인생은 자신이 살아가는 것이며 책임 역시 자신에게 있기 때문입니다.

하지만 그렇다 하더라도 삶이 힘든 이유를 감추어둔 채로 앞으로 나아갈 수는 없습니다. 앞으로 나아가기 위해서 과거를 되돌아보아야 하는 경우도 있습니다.

저는 저와 비슷한 '착한 아이'인 후배들을 위해 조금이라도 도움이 될 이야기를 쓰고 싶었습니다. 때로 부모를 부담스럽게 느끼는 감정은 결코 잘못이 아닙니다. 불효도 아니고 아무것도 아닙니다. 당신이 그렇게 느낀다면 그만한 이유가 있기 때문이므로 어쩔 수 없는 감정입니다.

그렇다면 반대로 부모를 용서하거나 용서하지 못해서 괴로워하기보다 부모를 부담스럽다고 여기는 지금의 자신을 용서해야 합니다. 다시 말하면, 부모에 대한 집착을 버려야 합니다. 또한 내 마음에 둘러쳐진 성벽을 끝까지 단단하게 쌓고 부모와의 거리를 다시 조정해야 합니다.

이 책을 통해 이러한 메시지를 여러분에게 전할 수 있다면 더없이 기쁠 것입니다.

'착한 아이'에 대한 수많은 처방전을 제시해주신 노부타 사요코 선생님에게 감사의 말씀을 드립니다. 이 책에서는 주로 하루의 대사로 표현했지만 선생님은 이렇게 말씀하셨습니다.

"부모에 대해 부담감을 가질 필요는 없어요. 당신은 '착한 아이'였지요? 누가 뭐래도 엄마는 분명 행복한 마음으로 당신을 기르셨을 거예요. 그것만으로도 효도는 충분합니다."

이 말씀에 저 스스로도 큰 위안을 받았습니다. 각 장 뒤에 칼럼을 써주신 노부타 선생님께 다시 한 번 감사의 말씀을 올립니다.

'착한 아이'인 여러분, 어른이 된 당신의 인생은 당신만의 것이에요. 모두 자신감을 갖고 살아가길 바랍니다.

아사쿠라 마유미